KOMMUNALE BILDUNGSLANDSCHAFTEN

HEINRICH BÖLL STIFTUNG
SCHRIFTENREIHE ZU BILDUNG UND KULTUR
BAND 9

Kommunale Bildungslandschaften

Ein Bericht von Anika Duveneck und Einblicke in die Praxis von Sybille Volkholz

Hrsg. von der Heinrich-Böll-Stiftung

Die Autorinnen

Anika Duveneck, geboren 1983 in Bremen, promoviert derzeit zu «Kommunalen Bildungslandschaften». Sie hat Geographie, Politikwissenschaften und Friedens- und Konfliktforschung an der Philipps-Universität Marburg studiert; von dort wechselte sie 2005 an die Universität Leipzig und schloss ein Studium als Diplom-Geographin ab. Bis 2010 war sie am dortigen Institut für Geographie sowie als Lehrbeauftragte an der TU Chemnitz tätig. Derzeit lebt sie in Bielefeld, wo sie an der interdisziplinären «International Research School Education and Capabilities» an ihrem Forschungsprojekt arbeitet. Als freie Mitarbeiterin der Kommunalpolitischen Infothek und des Referats Bildung und Wissenschaft der Heinrich-Böll-Stiftung beschäftigt sie sich darüber hinaus auch außerhalb der Wissenschaft immer wieder mit Kommunaler Bildungspolitik.

Sybille Volkholz war Lehrerin, Schulsenatorin und Mitglied des Abgeordnetenhauses in Berlin. Sie ist Leiterin des Bürgernetzwerkes Bildung des VBKI und Mitglied im Beirat Bildung und Erziehung der Stiftung Brandenburger Tor sowie des wissenschaftlichen Beirats des Interdisziplinären Zentrums für Bildungsforschung der Humboldt Universität Berlin.

 Diese Publikation wird unter den Bedingungen einer Creative Commons License veröffentlicht: http://creativecommons.org/licenses/by-nc-nd/3.0/.de. Eine elektronische Fassung kann heruntergeladen werden. Sie dürfen das Werk vervielfältigen, verbreiten und öffentlich zugänglich machen. Es gelten folgende Bedingungen: Namensnennung: Sie müssen den Namen des Autors/Rechteinhabers in der von ihm festgelegten Weise nennen (wodurch aber nicht der Eindruck entstehen darf, Sie oder die Nutzung des Werkes durch Sie würden entlohnt). Keine kommerzielle Nutzung: Dieses Werk darf nicht für kommerzielle Zwecke verwendet werden. Keine Bearbeitung: Dieses Werk darf nicht bearbeitet oder in anderer Weise verändert werden.

Kommunale Bildungslandschaften
Ein Bericht von Anika Duveneck und Einblicke in die Praxis von Sybille Volkholz

Herausgegeben von der Heinrich-Böll-Stiftung 2011
Band 9 der Reihe Bildung und Kultur

Gestaltung: graphic syndicat, Michael Pickardt (nach Entwürfen von blotto Design)
Titelphoto: Robert Schlesinger, dpa
Druck: agit-druck

ISBN 978-3-86928-071-4

Heinrich-Böll-Stiftung, Schumannstraße 8, 10117 Berlin
T +49 30 28534-0 **F** +49 30 28534-109 **E** buchversand@boell.de **W** www.boell.de

INHALT

Vorwort   7

Anika Duveneck
Kommunen übernehmen Verantwortung für gute Bildung   9
    Ziele dieses Berichts   11
    Wie der Bericht aufgebaut ist   11

I   «Blühende Bildungslandschaften»:
Die vielfältigen Formen kommunaler Bildungsnetzwerke   12
    Bildungslandschaften kennen viele Initiatoren   14
    Zielgruppen und inhaltliche Schwerpunkte von Bildungslandschaften   15
    Programme fördern Bildungslandschaften   17

II   Worauf es beim kommunalen Bildungsengagement ankommt   19
    Vorbereitung und Planung einer Bildungslandschaft   19
    Verstetigung und Verankerung der Bildungslandschaft   24
    Kommunales Bildungsmanagement im laufenden Betrieb   31

III   Fazit: Was eine gute Bildungslandschaft ausmacht   38
    Literatur   40

Sybille Volkholz
Kommunale Bildungslandschaften   42
    Einordnung und Fragestellung   42
    Konzepte und Grundideen von Bildungslandschaften   43
    Fragen an ausgewählte Bildungslandschaften   45
    Strukturen und Arbeiten in Bildungslandschaften   46
    Beispiel Berlin   46
    Beispiel Paderborn   57
    Beispiel Leipzig   63
    Fazit und Empfehlung   68

VORWORT

Der Begriff «kommunale Bildungslandschaft» signalisiert einen Perspektivenwechsel. Die Verantwortung für die offensichtlichen Mängel unseres Bildungssystems – zu geringe Leistung in der Breite und zu geringe Fähigkeit zur Förderung der als Risikogruppe eher ausgegrenzten als beachteten Jugendlichen – wird nicht länger an Akteure außerhalb der Schulen delegiert. Sie wird «vor Ort» angenommen und nicht länger «den Eltern» oder «dem Kultusministerium» oder «der Bildungspolitik» zugeschoben. Denn Bildung spielt «vor Ort», und die Förderung besonders der Risikogruppe braucht die Kooperation sämtlicher Akteure: Eltern, alle Träger von Kinder-, Bildungs- und Jugendeinrichtungen, die verschiedenen Ebenen staatlicher Verwaltung und politischer Entscheidung, zivilgesellschaftliche Organisationen, ehrenamtliches Engagement und auch das Engagement der lokalen und regionalen Wirtschaft. Kommunale Bildungslandschaften sind Verantwortungsgemeinschaften, bei denen die verschiedenen Akteure ihre Verantwortung nicht auf ihren jeweiligen Zuständigkeitsbereich beschränken, sondern im Interesse am gelingenden Aufwachsen junger Menschen zusammenwirken. Die gemeinsame Konzentration auf die Bildungsbiographie soll sicherstellen, dass alle Jugendlichen ein Mindestmaß an Kompetenzen zur Gestaltung ihrer eigenen Biographie als Grundlage von Mündigkeit und Leistungsbereitschaft und Leistungsfähigkeit erwerben. Regionale Bildungslandschaften übernehmen die Verantwortung dafür, dass kein Kind und kein Jugendlicher verloren geht.

Einen entscheidenden Anstoß erhielt das Konzept der Bildungslandschaft durch die von Rot/Grün gegen massiven Widerstand durchgesetzte Ganztagsschule. Die zeitliche Ausdehnung der Schule in den Nachmittag erzwang neue Arrangements mit Eltern und den anderen Trägern außerschulischer Betreuungs- und Bildungsangebote für Kinder und Jugendliche. Zeitliche und finanzielle Ressourcen mussten neu verteilt werden. Viele der hier entstehenden Konflikte folgten noch der alten Logik der Legitimation der eigenen Einrichtung durch die Sicherung der Zuständigkeit für möglichst viele Ressourcen. Erst allmählich setzt sich eine neue «Governance» durch, die sich nicht an der Zuständigkeit für Geld oder Personal, sondern an der Verantwortung für den Bildungserfolg des einzelnen Kindes und Jugendlichen orientiert.

Diese neue Governance folgt dem hohen sozialethischen Anspruch der Bildungsgerechtigkeit, den bereits die Schulkommission der Heinrich-Böll-Stiftung mit ihrer Empfehlung «Bildungsgerechtigkeit im Lebenslauf» von 2009 in den Mittelpunkt stellte. Bildungsgerechtigkeit zielt auf Inklusion: Alle Kinder einer Kommune oder Region sollen die gleichen Chancen haben. Dabei besteht die Erwartung, dass die besondere Förderung der Risikogruppe die Fähigkeit des gesamten Bildungssystems zur individuellen Förderung verbessern wird. Gemessen an diesen Ansprüchen ist die Gefahr der Enttäuschung groß. Vielfach hält die Praxis noch nicht, was die Idee der Bildungslandschaft und der Verantwortungsgemeinschaft verspricht. Vielfach fehlt es noch an sozialräumlich differenzierten Unterstützungssystemen. Noch fällt es vielen Akteuren schwer, die Wirksamkeit des eigenen Handelns – den Bildungserfolg der Kinder und Jugendlichen – als entscheidenden Maßstab für die eigene Praxis anzuerkennen. Auf beiden Ebenen wird sich die Praxis der kommunalen Bildungslandschaft weiterentwickeln müssen. Die Governance braucht sozialräumliche Indikatoren für die Ressourcenverteilung und Akteure mit einem hohen Maß an Selbstwirksamkeitserwartung und -erfahrung.

Dem Ziel der Verbesserung der Praxis der kommunalen Bildungslandschaft widmen sich die beiden Texte dieser Publikation aus je unterschiedlicher Perspektive. Anika Duveneck stellt das Konzept der kommunalen Bildungslandschaft ins Zentrum, die Vielfalt ihrer Schwerpunkte und Leitbilder sowie vier Entwicklungslinien, aus denen heraus sich verschiedene Modelle entwickelt haben. Im Hauptteil geht es ihr darum, kommunalen Akteuren Anregungen und Hinweise zum Aufbau von Bildungslandschaften an die Hand zu geben – ergänzt durch die Erfahrungen von Praktikern in vier kommunalen Bildungslandschaften, die für verschiedene Modelle stehen. Demgegenüber bietet der Bericht von Sybille Volkholz Einblicke in die Praxis «vor Ort» verschiedener Bildungslandschaften, ihre sichtbaren oder noch ausstehenden Effekte auf die Governance und den Umfang, in dem die Akteure die Verantwortung für die Wirksamkeit ihres Handelns wahrnehmen. Beide Texte zeigen, dass das sozialethische Konzept der Bildungsgerechtigkeit die Praxis in Gestalt kommunaler Bildungslandschaften anleiten kann und dass diese Praxis vor dem Hintergrund der Erfahrungen fortlaufend weiterentwickelt werden muss. Dazu will diese Publikation anregen.

Berlin, im Dezember 2011

Dr. Andreas Poltermann
Leiter der Abteilung Politische Bildung Inland
der Heinrich-Böll-Stiftung

ANIKA DUVENECK

Kommunen übernehmen Verantwortung für gute Bildung

Bildung gehört zu den wesentlichen Schlüsseln für soziale Teilhabe und faire Aufstiegschancen. Nicht zuletzt Studien wie PISA zeigen jedoch, dass Bildungschancen in Deutschland äußerst ungleich verteilt sind und dass das deutsche Bildungssystem soziale Herkunftseffekte teilweise noch verstärkt.

Ein Grund dafür liegt darin, dass das deutsche Bildungssystem stark auf die Mithilfe der Eltern setzt. Familien verstehen Bildung heute als zentrale Bedingung für die Chancen und das spätere Lebensglück ihrer Kinder. Während die einen jedoch in der Lage sind, in die individuelle Förderung ihrer Kinder außerhalb des Schulunterrichts zu investieren und Mängel im schulischen Unterricht zu kompensieren, vermögen andere weniger, ihren Kindern diese Art der Unterstützung zukommen zu lassen.

Soll das Bildungssystem leistungsfähiger und gerechter werden, reicht es nicht, nur auf die (Halbtags-)Schulen zu schauen. Es gilt vielmehr, die große Bedeutung außerschulischen Lernens für gelingende Bildungsprozesse ernzunehmen (vgl. Zwölfter Kinder- und Jugendbericht) und auf Grundlage eines erweiterten Bildungsbegriffs auch außerschulische Bildungsangebote wie Kitas, Musikschulen, Vereine und Jugendhilfeeinrichtungen konsequent und systematisch in die Gestaltung mit einzubeziehen.

Die Koordination und Integration dieser oft getrennt voneinander bestehenden Angebote kann am besten auf der Ebene der Kommunen realisiert werden, da hier sämtliche Akteure und Netzwerke, die sich vor Ort mit Bildung, Kindern und Jugendlichen auseinandersetzen, erreicht und zur systematischen Zusammenarbeit angeregt werden können. Außerdem ist hier das Wissen über das lokale Geschehen situiert, das es braucht, um Probleme und Förderlücken identifizieren zu können. Und nicht zuletzt drängen sich kommunale Kooperationen durch die vermehrte Einführung von Ganztagsschulen und die Anreize des sogenannten Bildungspakets verstärkt auf.

Viele Kommunen sind bereits bildungspolitisch aktiv geworden, obwohl ihre Bildungskompetenzen vorrangig die Instandhaltung der Schulgebäude und die Einstellung von Hausmeister/innen und Schulsekretär/innen umfassen, während innerschulische Gestaltungskompetenzen – soweit sie nicht Schulfusionen sowie Zuweisung von Schüler/innen betreffen – bei den Ländern liegen. Viele Kommunen haben begonnen, Zuständigkeitsgrenzen aufzulösen; sie schaffen übergreifende Strukturen, die sich an den realen Bildungsverläufen von Kindern und Jugendlich orientieren und vernetzen sich mit freien Trägern aus Jugendhilfe, Kultur, Sport, der lokalen Wirtschaft und (weiteren) im Bildungsbereich engagierten Mitgliedern der Zivilgesellschaft. Sie machen im Rahmen einer «Kommunalen Bildungsplanung» Bestandsaufnahmen über den Status quo vor Ort und werden dort aktiv, wo Förderlücken bestehen. Kurzum: Sie etablieren *Kommunale Bildungslandschaften*!

Von der systematischen Vernetzung im Bildungsbereich profitieren nicht nur die Adressat/innen, also in der Regel Kinder und Jugendliche. Vielmehr bietet es auch den Kommunen ein ganzes Bündel an Vorteilen. Wo Bildung ihr sozialintegratives Potenzial entfaltet, leistet sie einen Beitrag zur Stärkung des sozialen Friedens vor Ort – so können hohe Folgekosten vermieden werden –, aber auch Imageprobleme, die wiederum soziale Segregation verstärken. Gleichzeitig stellen gute Bildungsangebote einen wichtigen Standortfaktor dar – nicht nur für Familien, sondern auch für Unternehmen. Das ist wichtig, weil die wirtschaftliche Zukunftsfähigkeit von Regionen unter den Bedingungen des demographischen Wandels auch davon abhängt, ob den ansässigen Unternehmen ausreichend gut ausgebildete Fachkräfte zur Verfügung stehen. Nicht zuletzt können kommunale Haushalte durch die Freisetzung von Synergieeffekten entlastet werden, denn wo Akteure nebeneinander agieren, gibt es oft Parallelstrukturen, während an anderen Stellen Potenziale brach liegen – dabei ist der effiziente Einsatz von Mitteln gerade angesichts der prekären finanziellen Situation der Kommunen entscheidend. Zudem zeigt sich, dass die Etablierung von Bildungslandschaften einen modernen Politikstil befördert, der von einem Denken in Verantwortlichkeiten und einer Offenheit gegenüber zivilgesellschaftlichen und wirtschaftlichen Akteuren geprägt ist.

Kommunale Bildungslandschaften werden in der Literatur als Leitbild (Hebborn 2009), als Struktur (Schäfer 2009) oder als «Gesamtheit aller auf kommunaler Ebene vorhandenen Institutionen und Organisationen der Bildung, Erziehung und Betreuung» (Deutscher Verein 2007) diskutiert. In jedem Falle bezeichnen Sie nicht rein deskriptiv die Gesamtheit aller sich vor Ort befindlichen Bildungseinrichtungen, sondern Systeme, die auf ein Zusammenwirken von Bildungsakteuren abzielen.

In diesem Bericht bezeichnen Kommunale Bildungslandschaften
- kohärente, langfristig geplante und durch schriftliche Vereinbarungen fixierte Gesamtsysteme von formeller und informeller Bildung, Erziehung und Betreuung, in denen
- kommunale Akteure auf der Ebene von Regionen, Kreisen, Städten, Gemeinden oder Stadtteilen ressortübergreifend mit Schulen, Wirtschaft und zivilgesellschaftlichen Akteuren vernetzt sind

> ▬und ihr gemeinsames Handeln durch individuelle und institutionelle Förderung von Kindern und Jugendlichen entlang ihrer Bildungsbiographie so ausrichten,
> ▬dass es den spezifischen Problemen und Bedürfnissen der Kommunen Rechnung trägt.

Ziele dieses Berichts

Dieser Bericht richtet sich an kommunale Akteure und alle, die sich für Bildungspolitik in der Kommune interessieren. Er gibt konzeptionelle Hinweise zu Aufbau und Steuerung Kommunaler Bildungslandschaften. Da die Praxis jedoch oft ganz anders aussieht als die Theorie, kommen in diesem Bericht vier Bildungsmanager/innen aus unterschiedlichen Bildungslandschaften zu Wort, die Einblick in ihren Erfahrungsschatz gewähren.

Wie der Bericht aufgebaut ist

Der erste Teil des Berichts vermittelt eine Vorstellung von der *Bandbreite* unterschiedlicher Bildungslandschaften: Dazu wird anhand von vier Beispielmodellen dargestellt, unter welchen Bedingungen unterschiedliche Akteure Bildungslandschaften initiieren und welche Schwerpunkte sie setzen, um auf die spezifischen Bedingungen vor Ort zu reagieren. Außerdem werden Förderprogramme vorgestellt, die Entwicklung von Bildungslandschaften maßgeblich prägen.

Der zweite Teil gibt praktische Anregungen, wie kommunale (aber auch zivilgesellschaftliche) Bildungsmanager/innen die Bedingungen für einen erfolgreichen Vernetzungsprozess schaffen können. Hier stehen *Instrumente und Handlungsoptionen* im Zentrum, auf die während der Vorbereitung, der kommunalen Verankerung und im laufenden Betrieb von kommunalen Bildungslandschaften sowie im Hinblick auf die Finanzierung zurückgegriffen werden kann.

Nach diesen organisatorischen Hinweisen schließt der Bericht mit einer Zusammenstellung von Kriterien, die unseres Erachtens zentral sind, damit kommunale Bildungslandschaften ihre *progressiven Potenziale* entfalten und zu einem qualitativ besseren und gerechterem Bildungssystem beitragen können.

I «Blühende Bildungslandschaften»: Die vielfältigen Formen kommunaler Bildungsnetzwerke

Gegenwärtig agieren engagierte Kommunen als «Labore» zur Entwicklung neuer Impulse für die Bildungsförderung. Klaus Schäfer, Staatssekretär im Familienministerium NRW, beschreibt die derzeitige Situation wie folgt: «Die bisher eingeschlagenen Wege, Bildungslandschaften zu etablieren, sind vor allem vom Experimentieren geprägt». Um vor Ort möglichst passgenaue Antworten auf die jeweiligen sozialen, demographischen und ökonomischen Rahmenbedingungen zu entwickeln, setzen kommunale Gebietskörperschaften das «weitgehend offene bis diffuse» (vgl. Berse 2009: 184ff.) Konzept der kommunalen Bildungslandschaft ganz verschieden um. Im Folgenden sollen *vier Kurzportraits von Bildungslandschaften und den dahinterstehenden Projektverantwortlichen* einen Eindruck von der Vielfalt der Modelle mit ihren je unterschiedlichen Schwerpunktsetzungen und Förderkontexten geben.

Bernd Zenker-Broeckmann, Pädagogischer Koordinator des in das Referat «Bildung und Erziehung» integrierten Kommunalen Bildungsbüros Gelsenkirchen, gibt einen Einblick in das Bildungsnetzwerk der Stadt Gelsenkirchen, welches sich im Rahmen des Programms «Regionale Bildungsnetzwerke NRW» weiterentwickelt hat. Er berichtet u.a. darüber, welche Möglichkeiten sich durch den Kooperationsvertrag eröffnet haben, den die Bildungsregion mit dem Land NRW abgeschlossen hat. (http://www.regionale.bildungsnetzwerke.nrw.de / rbn/frontend/Handlungsfelder/index. aspx?PageNr=1&TNr=40)

Baudezernent Holger Köhncke aus Bernburg berichtet, wie der Impuls zur Bildungsvernetzung aus seinem Dezernat auf den gesamten Salzlandkreis ausgestrahlt hat. Dieses Beispiel zeigt, dass bei entsprechenden Rahmenbedingungen auch Ressorts kommunale Bildungsbemühungen initiieren können, die auf den ersten Blick wenig mit Kindern und Jugendlichen zu tun haben. (http://www.campustechnicus.de)

Die «Bildungsregion Göttingen» ist ein Projekt, das beim Regionalverband Südniedersachsen e.V., einem freiwilligen Zusammenschluss mehrerer Landkreise und kreisfreier Städte, angesiedelt ist. Bildungsmanagerin Nina Zastrow schildert Möglichkeiten und Grenzen der Arbeit in einem großräumigen

Bernburg/Bildungslandschaft Salzlandkreis

Die Bildungslandschaft im Salzlandkreis nimmt ihre Entwicklung von der Bernburger Innenstadt aus: Hier wird derzeit der «Campus Technicus» gebaut; eine praxisorientierte Ganztagsschule für alle Bernburger Sekundarschüler/innen, in der nicht nur dem pädagogischen Konzept baulich Rechnung getragen wird, z.B. durch Labore, Mensa oder den öffentlichen Lern- und Begegnungsraum «Treibhaus». Die drei Standorte (zuvor getrennte Sekundarschulen) befinden sich zudem in Nachbarschaft mit den kulturellen Partnern Musikschule, Museum, Bibliothek u.v.m. Das Konzept ist das Ergebnis der Bernburger Stadtentwicklungsplanung, die der Schrumpfung der Stadt nicht nur mit Abriss an den Stadträndern begegnen will, sondern auch mit der Stärkung von Bildungseinrichtungen. Dass das Baudezernat den Bildungs-Impuls setzte, ermöglichte die IBA Stadtumbau 2010, die zu unkonventionellen Lösungen anregte und half, Partner aus Land, Kreis und Pädagogik zu gewinnen. Die Kooperation mit dem Salzlandkreis geht nun weit über das gemeinsame Schulbauprojekt hinaus. Um den Bernburger Impuls im Kreis zu streuen wurde das Netzwerk «Porta Technika» gegründet, das den Aufbau einer Bildungslandschaft steuert: Das Netzwerk wurde von der Deutschen Kinder- und Jugendstiftung und der Jacobs-Stiftung ausgezeichnet und daraufhin als Modellregion im Programm «Lebenswelt Schule» gefördert.

Regionales Bildungsnetzwerk Gelsenkirchen

Da sich das Gelsenkirchener Netzwerk aus der Stabsstelle Ganztagsschule heraus entwickelt hat, ist hier der Aufbau eines guten Ganztagesangebots der Ausgangspunkt für die Entwicklung biographiebezogener kommunaler Bildungspolitik. Nun gibt es ein Kommunales Bildungsbüro (KBB), das im Vorstandsbereich für Kultur, Bildung, Jugend und Sport angesiedelt ist.
Durch den Kooperationsvertrag mit dem Land NRW, der im Rahmen des Programms «Regionale Bildungsnetzwerke NRW» geschlossen wurde, ist das KBB um einen Lehrer ergänzt und seine Aufgabenpalette erweitert worden: Derzeit werden z.B. sämtliche lokale Aktivitäten und bereits bestehende Kooperationen in einem Bildungskataster erfasst, so dass Lücken sichtbar und durch Vernetzungen systematisch geschlossen werden können.
In Gelsenkirchen gibt es bereits zahlreiche, systematisch abgestimmte Aktivitäten an den Übergängen entlang der Bildungsbiographie von Schüler/innen: Zwischen Kita und Grundschule, von der ersten zur sechsten Klasse durch die enge Zusammenarbeit einer offenen Ganztagsgrundschule und einer Gesamtschule sowie schließlich von der Schule in den Beruf. Ebenso werden Maßnahmen zur Qualitätssicherung zusammengefasst und ggf. ergänzt.
Per Newsletter werden alle Beteiligten vom KBB über die Entwicklungen im Bildungsnetzwerk informiert.

Bildungsregion Göttingen

Die Bildungsregion Göttingen ist als Projekt beim Regionalverband Südniedersachsen angesiedelt. Da es sich dabei um einen freiwilligen Zusammenschluss von drei Landkreisen und der Stadt Göttingen handelt, kann die Arbeit hier weitgehend informell gestaltet werden.
So unterstützt das Bildungsmanagement Projekte am Übergang von der Kita in die Schule und die Förderung des Berufseinstiegs, organisiert in den beteiligten Gebietskörperschaften Bildungsveranstaltungen, pädagogische Konferenzen sowie Fachforen. Die Homepage bietet außerdem eine umfassende Informationsbasis über das Bildungsgeschehen in Südniedersachsen.
Ausschlaggebend für das Projekt war eine parteiübergreifende Initiative von Landtagsabgeordneten mit dem Ziel, Südniedersachsen zu einer attraktiven Region für Fachkräfte zu gestalten. Über das niedersächsische Ministerium für Ernährung, Landwirtschaft, Verbraucherschutz und Landesentwicklung (ML) wurde die Anschubfinanzierung aus Mitteln des Regionalisierungsfonds der EU gestellt. Um das Projekt über deren Ablauf hinaus zu verstetigen, wird es nun von den Gebietskörperschaften weiterfinanziert. Das ML und das niedersächsische Kultusministerium unterstützen desweiteren einen Arbeitsschwerpunkt finanziell.

Ein Quadratkilometer Bildung Berlin-Reuterkiez

Ein Quadratkilometer Bildung im Reuterkiez (Berlin-Neukölln) zielt auf die Unterstützung von Kindern und Jugendlichen aus sozialen Problemlagen, die bislang zu häufig im Bildungssystem scheitern: Ein Zusammenschluss von Stiftungen und der Regionalen Arbeitsstelle für Bildung, Integration und Demokratie (RAA) Berlin hat zusammen mit Land und Bezirk eine bottom-up-orientierte, auf 10 Jahre sicher geförderte Lern- und Entwicklungsplattform ins Leben gerufen, die das Ziel verfolgt, bestehende Ansätze im Stadtteil so zu verknüpfen, dass Förderlücken geschlossen und damit die Bildungschancen der Kinder und Jugendlichen verbessert werden. Diese Aufgabe wird nicht auf einer Steuerungsebene, sondern vor allem durch konkrete Veränderungen im System wahrgenommen. Die Maßnahmen setzen da an, wo konkreter Hand-

lungsbedarf besteht: etwa bei Hausaufgaben und dem Mittleren Schulabschluss.
Das Herzstück des Quadratkilometers ist eine ganz-tägig geöffnete Pädagogische Werkstatt. Hier können Vertreterinnen und Vertreter aus Schulen, Kitas und Jugendhilfe sowie aktive Eltern Unterstützung durch Praxisbegleitung und verschiedene Tools erhalten.
Der Quadratkilometer nimmt eine Brückenfunktion zwischen Stiftungen, Verwaltungen, Politik und Institutionen wahr, die Verantwortung für die Bildungslandschaft im Reuterkiez übernehmen.

Netzwerk, das kommunal initiiert, aber außerhalb der Verwaltungsstrukturen verankert ist. (http://bildungsregion-goettingen.de/startseite)

Schließlich stellt der Bericht mit «Ein Quadratkilometer Bildung» im Berlin-Neuköllner Reuterkiez einen Stiftungsansatz vor, der aus der Zivilgesellschaft heraus initiiert wurde und als «flankierende Gelegenheitsstruktur» versucht, kommunale Entwicklungen im Quartier zu begleiten und voranzutreiben. Projektleiter Sascha Wenzel verdeutlicht die Handlungslogiken in der Kooperation mit Stiftungen. (http://www.ein-quadratkilometer-bildung.eu/standorte/berlin-neukoelln/)

Bildungslandschaften kennen viele Initiatoren

Die Modelle variieren je nach dem, wer die Initiative zur Bildungsvernetzung ergriffen hat.

Meist kommt der Anstoß von den Ressorts der Kommunalverwaltung, die traditionell für Bildung verantwortlich sind. So willigte die Stadt Gelsenkirchen in das Angebot des Landes NRW ein, bestehende Bildungsnetzwerke systematisch zu Regionalen Bildungsnetzwerken weiterzuentwickeln. Dabei konnte sie auf die bereits etablierten und bewährten Strukturen des Kommunalen Bildungsbüros zurückgreifen – hier wurde das Team aus dem Vorstandsbereich für Kultur, Jugend, Bildung und Sport, das zunächst die Einführung von Ganztagesangeboten in der Primarstufe koordinierte, anlässlich des Aufbaus von Ganztagsangeboten in allen Gelsenkirchener Schulen der SEK I um eine sozialwissenschaftliche Stelle und Verwaltungsfachleute ergänzt. Durch den Kooperationsvertrag mit dem Land wurde das Aufgabenfeld des KBBs schließlich erweitert.

Das erweiterte Bildungsverständnis, das hinter dem Modell der Bildungslandschaft steckt, erlaubt es aber genau so, dass die Ambitionen aus Ressorts kommen, die keinen klassischen Bildungsbezug aufweisen, wie die Stadt Bernburg im Salzlandkreis beispielhaft zeigt, wo das Baudezernat die Initative, angeregt durch die IBA Stadtumbau 2010, ergriff.

Auch Akteure, die nicht direkt aus der Kommunalverwaltung kommen, können die Entwicklung in Gang setzen. Das Beispiel Göttingen zeigt, dass sogar parteiübergreifende Initiativen von Landtagsabgeordneten ausgehen können.

Es gibt schließlich auch Bildungslandschaften, die an kommunale Gebietskörperschaften herangetragen werden. Oft werden Menschen aus dem Schulbereich aktiv, zum Beispiel Zusammenschlüsse von Schulleiter/innen. Die Beschäftigung mit bildungspolitischen Fragen kann auch von engagierten Bürger/

innen ausgehen, die sich in Initiativen oder Vereinen engagieren. Nicht zuletzt spielen Stiftungen häufig eine wichtige Rolle, wenn es darum geht, die Bildungsbemühungen einzelner Akteure vor Ort systematisch aufeinander zu beziehen. Im Berliner Reuterkiez initiierten die Freudenberg-Stiftung, die Karl-Konrad-und-Ria-Groeben-Stiftung sowie die RAA Berlin mit der Senatsverwaltung für Bildung, Wissenschaft und Forschung den Quadratkilometer Bildung, um die bereits bestehenden Ansätze im Quartier (hier nicht zuletzt das kommunale Vorhaben «Campus Rütli») durch eine Impulse gebende «Gelegenheitsstruktur» zu flankieren.

Ganz gleich, von wem die Initiative ausgeht: Ziel sollte stets sein, dass sie letztendlich in einem Bündnis aus zivilgesellschaftlichen und öffentlichen Akteuren mündet.

Zielgruppen und inhaltliche Schwerpunkte von Bildungslandschaften

Kern des Bildungslandschaftsgedankens ist die Organisation von Bildung entlang der Biographie von Kindern und Jugendlichen, durch die die Aufmerksamkeit vor allem auf die Vielzahl von Übergängen zwischen den einzelnen Bildungsetappen gelenkt wird. In der Praxis braucht es jedoch zumindest zu Beginn eine Fokussierung auf bestimmte Ziele und Zielgruppen, die sich aus inhaltlichen Prioritätensetzungen ergibt.

So ist es das Ziel der Stadt Bernburg, dem bereits eingetretenen Facharbeitermangel entgegenzusteuern: Die Zahl der Bernburger Kinder hat sich in den letzten zwanzig Jahren halbiert, und von den verbliebenen hatten 2003 ein Fünftel keinen Schulabschluss – weswegen «wir ja langsam mit Schwindeln anfangen müssen, wenn Investoren kommen und uns nach dem gut ausgebildeten, motivierten Facharbeiterpotenzial fragen», wie Holger Köhncke die Lage der Stadt ironisch beschreibt. Mit der Konzentration auf den Bau und das pädagogische Konzept der praxisorientierten Ganztags-Gesamtschule «Campus Technikus» widmet sich die Stadt daher vorrangig der Qualifikation der Bernburger Sekundarschüler/innen für den regionalen Arbeitsmarkt.

Auch in Göttingen geht es darum, die regionale Wirtschaft vor dem Fachkräftemangel zu bewahren. Dafür sollen Schüler/innen besser auf den Übergang ins Berufsleben vorbereitet und ihre Ausbildung den Bedürfnissen der Unternehmen in der Region gerecht werden. Ein Schritt in diese Richtung ist die Initiative «SchulBetrieb»: Um ihnen praktische Einblicke in die Berufswelt zu ermöglichen, ebnet die Bildungsregion Kooperationen zwischen Schulen und regionalen Betrieben den Weg. Dabei agiert sie wie eine Dienstleisterin: Die Bildungsmanagerinnen machen geeignete Lernpartner ausfindig und stellen Kontakte her. Wenn beide Seiten einverstanden sind, begleiten sie den Prozess bis zur Ratifizierung einer gemeinsamen Kooperationsvereinbarung. Die Zusammenarbeit gilt zunächst für ein Jahr und kann unterschiedlich aussehen: So hat etwa ein Feinschmeckerbetrieb das Catering für die Ratifizierungsfeier zubereitet, während ein Telekommunikationsunternehmen das WLAN-Netz der Schule installiert hat – jeweils in Zusammenarbeit mit den Schüler/innen.

In Gelsenkirchen verknüpft das Team des Kommunalen Bildungsbüros die Expertise aus der Ganztagsbildung mit der systematischen Verbesserung des Übergangs zwischen Schulen. So wurden eine Grund- und eine Gesamtschule ausgewählt, für die im Rahmen des Projekts «Gemeinsam Länger Lernen» (GELL) ein abgestimmtes und wissenschaftlich evaluiertes Übergangskonzept entwickelt wurde. Eltern gewährleistet es mehr organisatorische Planungssicherheit und Schüler/innen eine nahtlose Bildungsbiographie: Ab Klasse eins fließen Bildungsangebote mit Lehrer/innen der kooperierenden Gesamtschule in den verbindlichen offenen Ganztag ein. Ein Team aus Lehrer/innen der Primar- und Sekundarstufe sowie einer pädagogischen Fachkraft entwickelt auf Grundlage abgestimmter Diagnostik gemeinsame pädagogische Konzepte und Angebote. Zum fünften Schuljahr wechselt dann der gesamte Klassenverband auf die Gesamtschule. Da alle Schüler/innen dann bereits bestens mit der neuen Lernumgebung und den Lehrer/innen vertraut sind und erst später von ihren Mitschüler/innen getrennt werden, wird der Wechsel weniger brüchig und verunsichernd gestaltet.

Im Quadratkilometer Bildung im Berliner Reuterkiez geht es insbesondere darum, der Benachteiligung von Kindern und Jugendlichen aus schwierigen sozialen Situationen entgegenzuwirken: Adressat/innen sind die Kinder und Jugendlichen (oft auch Eltern) aus dem Stadtteil. Die Projekte setzen im Quadratkilometer an den Stellen an, an denen Bildungsbiographien konkret scheitern. So gibt es beispielsweise das *Rucksackprogramm* zur Sprachförderung, das von migrantischen Eltern durchgeführt wird, so dass diese gleichzeitig qualifiziert werden. In Jugendhilfeeinrichtungen werden Schüler/innen bei den Hausaufgaben unterstützt, es werden kompensierende *Vorbereitungskurse für den Mittleren Schulabschluss* angeboten, zugleich Lernkulturen in Kitas und Schule durch «Lernwerkstätten» langfristig verändert und *Stipendien* an besonders engagierte Schüler/innen aus dem Reuterkiez vergeben.

Auch wenn bislang Bildungslandschaften in der Regel Kinder und Jugendliche bzw. die sie betreffenden Bildungsübergänge in den Fokus nehmen, soll nicht unerwähnt bleiben, dass vereinzelt auch Erwachsene und deren berufliche Weiterbildung einen Schwerpunkt regionaler Bildungsvernetzung ausmachen können (siehe dazu z.B. die »Lernenden Regionen» oder einige Projekte im Rahmen des Programms «Lernen vor Ort»).

Der bildungsbiographische Paradigmenwechsel zieht auch die Notwendigkeit nach sich, pädagogische Fachkräfte entsprechend fort- und weiterzubilden, da diese oft weder mit der Arbeit im Netzwerk noch dem Bereich des Übergangsmanagements vertraut sind. So werden in Südniedersachsen Erzieherinnen im «Haus der kleinen Forscher» für die Vermittlung naturwissenschaftlicher und technischer Themen in der Kita qualifiziert, um Kinder schon früh an die sogenannten MINT-Bereiche heranführen zu können. Das Herz des Quadratkilometers im Berliner Reuterkiez, die Pädagogische Werkstatt, ist maßgeblich als Fortbildungsort für Lehrer/innen, Erzieher/innen, Sozialpädagog/innen und Eltern konzipiert.

Programme fördern Bildungslandschaften

Viele Kommunen haben in den letzten Jahren an Förderprogrammen teilgenommen, die nicht immer direkt auf die Etablierung von Bildungslandschaften abzielen, die jedoch wichtige Grundlagen für kommunale Bildungsvernetzungen darstellen und deren Entwicklung maßgeblich prägen. Zu den spezifischen Bedingungen vor Ort zählt daher auch, ob auf derartige Strukturen zurückgegriffen werden kann. Die folgende Tabelle auf S. 18 gibt eine Übersicht über relevante Programme und ordnet sie unterschiedlichen Entwicklungslinien zu (die sich in der Praxis oft überlagern).

Schulzentrierte Entwicklungslinie nach Stolz (2010)

Eine große Rolle spielen Programme zum Ausbau der *Ganztagsschulen*. Bildungslandschaften haben sich häufig aus den Kooperationsnotwendigkeiten heraus entwickelt, die im Zusammenhang mit Ganztagschulprogrammen entstanden. Dieser Einfluss findet sich beispielhaft im Ganztagsschulkonzept des Campus Technikus in Bernburg sowie in Gelsenkirchen wieder.

Auch Programme zur Förderung der *Selbstständigkeit von Schulen* liefern wichtige Impulse, da sie Schulen mehr Entscheidungs- und Gestaltungsfreiheit gewähren, so dass neue Formen der Zusammenarbeit auch mit außerschulischen Akteuren auf einer soliden rechtlichen Basis erprobt werden konnten. Die Bildungsnetzwerke NRW stellen eine Weiterentwicklung eines solchen programmatischen Ansatzes dar.

Kooperationsorientierte Entwicklungslinie

Andere Modelle bauen auf Programmen auf, die vorrangig auf die *Vernetzung kommunaler Bildungsakteure* abzielen, um lebenslanges Lernen und Übergangsmanagement in der Region zu fördern. Diesem Pfad folgt insbesondere die Göttinger Bildungsregion.

Ein entscheidender Impuls kam von den Kommunen selbst: Kommunale Spitzenverbände fordern seit 2006 eine Stärkung ihrer bildungspolitischen Kompetenzen, zunächst für Schulen, später im Bildungsbereich insgesamt. Trotz der rechtlichen Einschränkungen begannen Kommunale Akteure sozialraumbezogene, governanceorientierte und städtebauliche Instrumente für die Umsetzung ihrer bildungspolitischen Ambitionen fruchtbar zu machen. In Bernburg und Göttingen begann die Entwicklung mit der Integration von Bildung in das Stadtentwicklungskonzept beziehungsweise die regionalen Entwicklungsstrategie.

	Auf Initiative des BMBF	**Andere Initiatoren**
schul- zentriert	**Ganztagsschulen** * Ideen für mehr! Ganztägig Lernen (2004-14; BMBF/DKJS/Jacobs-Foundation) * Lebenswelt Schule (2008-10; BMBF/DKJS/Jacobs-Foundation) * Lernen für den Ganztag (2004-08; BMBF/BLK/DKJS)	**Selbstständige Schule** * Schule und Co (1997-02; KM NRW) * Selbstständige Schule NRW (2002-08; Schulministerium/Bertelsmannstiftung) * Eigenverantwortliche Schule Niedersachsen (seit 2007; Kultusministerium/Bertelsmannstiftung) ** Regionale Bildungsnetzwerke/-regionen (seit 2009; Bertelsmann-Stiftung/Länder NRW/NI/BW) ** nelecom (seit 2007; DKJS/Ministerium für Bildung, Wissenschaft und Kultur)

koopera-
tions-
orientiert
	Bildungsvernetzung
	* Lernende Region (2001-08; BMBF/ESF)
	* Perspektive Berufsabschluss/Regionales Übergangsmanagement (2008-12; BMBF/ESF/EU)
	** Lokale Bildungslandschaften
	  – in Kooperation von Ganztagsschule und Jugendhilfe (2007-10; BMBF/DJI)
	  – in Kooperation von Jugendhilfe und Schule (2008-10; BMFSFJ/DJI)
	** Lernen vor Ort (2009-14; BMBF, ESF, Stiftungsverband)
		Städtebau- und Sozialraumorientierung
		* Soziale Stadt (seit 1999; BMVBS/BBSR)
		** Ein Quadratkilometer Bildung (seit 2009; Stiftungsverbund «Ein Quadratkilometer Bildung»)
		
		Städtebauliche Instrumente
		* Internationale Bauausstellungen (Bildungsschwerpunkt erstmals 2005)

Förderung von Bildungslandschaften

Mittlerweile gibt es viele Programme, die explizit Bildungslandschaften fördern (**). Dabei spielen zivilgesellschaftliche Akteure wie Stiftungen eine wichtige Rolle. Sie haben die Entwicklung entscheidend mit vorangetrieben. Ein gutes Beispiel ist der Quadratkilometer Bildung, der die Gründung eines Stiftungsverbandes nach sich gezogen hat, welcher Kommunale Bildungsaktivitäten an nunmehr sieben weiteren Standorten unterstützt.

II Worauf es beim kommunalen Bildungsengagement ankommt

Das Wichtigste gleich zu Beginn: Ein Patentrezept zur Etablierung von Bildungslandschaften gibt es nicht – und kann es aufgrund der je spezifischen Bedingungen und Zielen vor Ort nicht geben. Wohl aber gibt es mittlerweile Erfahrungswerte in Bezug auf ein sinnvolles Vorgehen. Die Einbettung der Kooperation in ein zielführendes Management ist etwa ein «wesentliches Erfolgskriterium» (Schubert 2008: 53), weswegen sich etwa die Arbeit mit Instrumenten aus dem Netzwerkmanagement in besonderem Maße anbietet. Auf Grundlage der Literatur über Bildungslandschaften sowie von Praxiserfahrungen werden in diesem Teil bewährte Handlungsmöglichkeiten und Instrumente beleuchtet, die auf verschiedenen Etappen des Aufbauprozesses gute Anstöße bieten können.

Vorbereitung und Planung einer Bildungslandschaft

Um angemessen auf die spezifische Situation vor Ort eingehen und die gegebenen Potenziale voll ausschöpfen zu können, muss der Vernetzung eine gründliche Vorbereitung vorangehen.

Wahl des Zeitpunkts

Natürlich ist der Aufbau einer Bildungslandschaft prinzipiell immer möglich. Es hat sich jedoch als günstig erwiesen, die Bestrebungen an äußere Anlässe zu koppeln (Schäfer 2009: 236; Tibussek 2009: 212).

So bieten sich *bauliche Vorhaben* an, bei denen nicht nur finanzielle Mittel fließen, sondern sich auch gestalterische Freiräume öffnen. Das hat einen positiven Einfluss auf die Experimentierfreudigkeit der Akteure. Das Bauvorhaben in Bernburg, wo die drei städtischen Sekundarschulen zusammengelegt werden, zeigt dies beispielhaft.

Nicht selten stehen die baulichen Vorhaben im Zusammenhang mit Schulzusammenlegungen, bei denen dem erweiterten Bildungsverständnis baulich Rechnung getragen wird. Neben Bernburg ist auch der Reuterkiez ein Beispiel, wo im Zuge des Berliner Gemeinschaftsschulprogramms und auf kommunale Initiative hin der Campus Rütli entsteht. So soll ein Sozialraum geschaffen werden, der Kinder und Jugendliche von der Kita bis in den Berufseinstieg begleitet und neben formellen auch informelle Bildungsangebote bietet.

Als weiterer naheliegender und wirksamer Ausgangspunkt in organisatorischer, konzeptioneller und oft auch baulicher Hinsicht hat sich der *Auf- und Ausbau von Ganztagsschulen* in allen Schulformen erwiesen. Um dem erweiterten Aufgabenspektrum gerecht zu werden, ist eine Zusammenarbeit der Schulen mit außerschulischen Trägern notwendig. So sind in Gelsenkirchen «Kooperationen auf Augenhöhe und damit schon der erste Einstieg in die Bildungslandschaft entstanden», so der Koordinator des dortigen kommunalen Bildungsbüros, Bernd Zenker-Broeckmann.

Bestandsaufnahme

Keine Bildungslandschaft muss vollkommen neu «aus dem Boden gestampft» werden. Zunächst besteht die Arbeit des kommunalen Bildungsmanagements in der systematischen Zusammenführung der vorhandenen Bildungsinstitutionen und -akteure vor Ort. In jeder kommunalen Gebietskörperschaft gibt es diverse Akteure, die sich in Arbeitsgruppen und Netzwerken organisiert haben, gute Arbeit verrichten und über eine hohe Expertise hinsichtlich der Situation vor Ort verfügen. Um einen Überblick über die Akteure, ihre Aktivitäten und bereits vorhandene Vernetzungen vor Ort zu bekommen, bedarf es zuerst einer Bestandsaufnahme.

Um einen fundierten Überblick zu erzielen, wird in der Fachliteratur die Arbeit mit dem Instrument der *Netzwerkanalyse* vorgeschlagen. Mit diesem Instrument können außerdem die Interessen der einzelnen Netzwerkpartner/innen und Einschätzungen über bereits bestehende Kooperationen erhoben werden. Mehr hierzu ist in Schubert (2008) zu finden. Wichtig ist wie bei allen Instrumenten, die Verfahren aus der Theorie nicht schematisch zu übernehmen, sondern sie entsprechend der konkreten Situation vor Ort und der jeweiligen Interessen zu modifizieren.

In Gelsenkirchen wird ein *Bildungskataster* erstellt: Alle Initiativen und Träger in der Stadt werden in einem Raster zusammengebracht. Das schafft Transparenz und fördert ggf. Lücken zutage. «Wo es welche gibt, guckt das Bildungsbüro genau hin und überlegt, wie die gegebenenfalls sinnvoll zu füllen sind», erläutert Koordinator Bernd Zenker-Broeckmann.

Die Erstellung einer *Landkarte*, in der die vorhandenen Angebote abgebildet werden, ist ein einfacher, aber effektvoller Schritt zur Visualisierung des Status quo, vermittelt sie doch einen anschaulichen Eindruck von den bereits vor Ort vorhandenen Potenzialen. Die Bildungsregion Göttingen hat einen Bildungsatlas und eine Bildungsdatenbank ins Netz gestellt.

Analyse des Handlungsbedarfs

Um die Förderlücken vor Ort (die sich im Zuge der Bestandsaufnahmen meist bereits andeuten) gezielt erfassen und das Konzept entsprechend daran ausrichten zu können, bietet sich die Durchführung fundierter Analysen des Handlungsbedarfs an.

In Anlehnung an die Instrumente aus dem Netzwerkmanagement kann nach Schubert (2008: 60f.) mit der *strategischen Situationsanalyse* (oder auch SWOT-Analyse) gearbeitet werden. Dabei geht es um die Ermittlung von Stärken (Strengths), Schwächen (Weaknesses), Chancen (Opportunities) und Gefahren (Threats), wobei die ersten zwei die prinzipiell veränderbaren Gegebenheiten in den beteiligten Organisationen und letztere die kaum veränderbaren externen Bedingungen in den Blick nehmen. Die Ergebnisse können schließlich für eine Lückenanalyse genutzt werden, so dass Kommunen erkennen, wo sie am Besten eingreifen sollten (Schubert 2008: 61f.).

Um dem partizipativen Anspruch des Netzwerkgedankens gerecht zu werden, sollte die Bedarfsfeststellung für die Zivilgesellschaft geöffnet werden. Eine Möglichkeit besteht darin, *Instrumente aus Bürgerbeteiligungsverfahren* zur Anwendung zu bringen.

Zum anderen gilt es, die Bedürfnisse der adressierten Kinder und Jugendlichen zu berücksichtigen. Das kann erreicht werden, indem bei der Analyse des Ist-Zustandes *Befragungsmethoden* herangezogen werden, *die die Kindersicht berücksichtigen*. Eine andere Möglichkeit besteht in der Einrichtung von Gremien, in denen Kinder und Jugendliche ihre Interessen vertreten können. Dabei sollte in Rechnung gestellt werden, dass in solchen Gremien Kinder und Jugendliche gehobener Schichten in der Regel überproportional stark vertreten sind. Diese Schräglage gilt es auszugleichen, etwa durch alternative Mitwirkungsmodelle. Um konsequent aus der Bedürfnisperspektive der Adressat/innen, nämlich der Kinder und Jugendlichen, heraus zu agieren, wird der Handlungsbedarf im Berliner Reuterkiez von Anbeginn der Projektpraxis davon abgeleitet, «an welchen Stellen Bildungsbiographien zu scheitern drohen». Darum, und nicht um «Erwachsene, die sich sympathisch sind und gerne gemeinsam etwas machen wollen», muss es gehen, betont Projektleiter Sascha Wenzel.

Besonders sensibel für die lokalen oder regionalen Kontexte sind *Instrumente zur raumbezogenen Bedarfsanalyse*. Sie beziehen diese dezidiert in die Analyse ein und können somit Antworten auf die Frage liefern, wo Maßnahmen optimal ansetzen können.

Instrumente von hoher analytischer Aussagekraft, die für Bildungsfragen fruchtbar gemacht werden können, differenziert Luthe (2009): Immer stärker setzt sich das Instrument der *Bildungsberichterstattung* durch. So wird in Gelsenkirchen derzeit ein Bildungsbericht erstellt, im Berliner Reuterkiez wurde eine «Basisdatenerhebung» veröffentlicht. Die systematische Erfassung und Auswertung relevanter, kleinräumiger Daten ermöglicht ein Bildungsmonitoring, in dem Informationen über Rahmenbedingungen, Verlaufsmerkmale, Ergebnisse und Erträge von Bildungsprozessen gesammelt und dargestellt werden, um dem lokalen Bildungsgeschehen Transparenz zu verleihen. Das Verfahren kann hinsichtlich von Tiefe, zeitlichen Intervallen und Reichweite variieren. Erhoben werden können je nach Interesse der Qualifizierungsbedarf ortsansässiger Betriebe, Verfügbarkeit regionaler Bildungsdatenbanken, Schul- und Hochschulbildung der Wohnbevölkerung, Angebotsprofil und -qualität ortsansässiger privater Bildungsträger/innen, Weiterbildungsaktivitäten von Betrieben, Mobilitätsstrukturen im Schulsystem, Beteiligung bildungsferner Familien an der Ganztagsbildung, die Anzahl von Personen ohne Ausbildungsabschluss, von Jahrgangswiederholern, Gymnasialempfehlungen u.v.m. Die Resultate können auch als informatorische Basis der Bildungsplanung verwendet werden.

Die *Bildungsplanung*, leitet sich von der Sozialplanung ab, bei der an der Schnittstelle von Wohnungs-, Bau- und Umweltpolitik, Stadtentwicklung und Verkehrsplanung Prioritäten zur Mittelverteilung definiert werden. Das dahinter stehende Verfahren ist gesetzlich weitgehend normiert und bringt einen teilweise problematisch hohen Aufwand mit sich. Das Planungsschema selber ist inhaltlich jedoch so offen, dass eine Verquickung mit Bildungsaspekten kein Problem darstellt. Abhängig von den Zielen gilt es, das Instrument so zu ergänzen, dass die benötigten Strukturen des Bildungssystems erfasst, Prognosen zur quantitativen Entwicklung errechnet und Maßnahmen zum Erreichen der Entwicklungsziele beschrieben werden. Steht die Standortentwicklung im Zentrum, kann ein Ziel die Identifikation lokaler Qualifikationserfordernisse, Entwicklungspotenziale einzelner Wirtschaftsbereiche oder die Etablierung neuer Lernorte sein.

Eine sozialpolitisch ambitionierte Alternative ist die *Bildungsraumanalyse*, die sich von der Sozialraumanalyse ableitet. Dabei handelt es sich um einen defizitorientierten Ansatz, der sich durch eine hohe Sensibilität gegenüber sozialen Ungleichheiten im Wohnumfeld auszeichnet und auf daraus resultierende Probleme verweist. Auf dieser Basis können grundlegende Einsichten über das Lernumfeld der Bildungsadressat/innen (oft sozial benachteiligte Kinder und Jugendliche aus «schwierigen» Stadtteilen) bereitgestellt werden.

Identifikation von Schlüsselakteuren

Bildungsverbünde sind immer auch Personenbündnisse, die meist von einer «recht kleinen Gruppe von ‹Kümmerern›, getragen werden» (Sascha Wenzel). In der Praxis wird immer wieder deutlich, dass der Erfolg von Netzwerken auch von einzelnen *Schlüsselpersonen* abhängig ist. Fehlen engagierte Akteure aus den Bildungseinrichtungen, kann eine Vernetzung genau so scheitern wie wenn sie nicht von den kommunalen Spitzen unterstützt wird.

Wer von Anfang an sicher gehen will, keine Schlüsselpersonen zu übersehen, dem steht das Instrument der *Stakeholdernanalyse* zur Verfügung (Schubert 2008: 63ff.). Es verschafft einen systematischen Überblick darüber, welche Bildungsakteure bzw. -anbieter/innen ganz besonders wichtig oder gar unverzichtbar sind. Dabei werden die Einflussmöglichkeiten einzelner Akteure und ihre Rolle für den Erfolg der Bildungslandschaft analysiert. Je höher ihr Einfluss ist, desto mehr Anstrengungen sollten betrieben werden, um sie als Netzwerkpartner/innen zu gewinnen.

Werden die Teilnehmer/innen ausschließlich «von oben» bestimmt, besteht jedoch die Gefahr, dass Akteure durchs Netz rutschen, die sich für das Netzwerk als wertvoll erweisen können (Schubert 2008: 89; vgl. auch Hebborn 2009; Baumheimer/Warsewa 2009: 30). Zudem liefe solch ein Vorgehen dem partizipativen Anspruch zuwider, der auf die Einbindung der Zivilgesellschaft abzielt. Daher gilt es, niedrigschwellige *Gelegenheiten zu schaffen, die für Interessierte offen sind*, so dass diese sich auf unkomplizierte Weise einbringen können.

Initiierung der Bildungsvernetzung

Ob es gelingt, verschiedene Bildungsakteure aus Politik, Institutionen und Zivilgesellschaft dazu zu bringen, an einem Strang zu ziehen und sich auf freiwilliger Basis der Arbeit im Netzwerk zu verpflichten, hängt stark von der kommunikativen Herangehensweise ab.

Gelingt es nicht, ein *Klima aus Vertrauen, Verlässlichkeit und Verbindlichkeit* (die drei «V»s) herzustellen, werden die Beteiligten kaum bereit sein, sich mit ihren Ressourcen in eine Bildungslandschaft einzubringen – gerade dann, wenn sie aus Bereichen kommen, in denen der Netzwerkgedanke noch keinen Einzug gehalten hat. Der Bernburger Baudezernent Holger Köhncke fügt hinzu: «Nur wenn man Leute davon überzeugen kann, dass das Projekt tatsächlich realisierbar ist, bringen sie ihr Potenzial in die Sache mit ein».

Es darf nicht darum gehen, den Akteuren ein neues Konzept überzustülpen, sondern ihre Arbeit zum Ausgangspunkt der Überlegungen zu machen. Das Bildungsmanagement sollte vor allem dort aktiv werden, wo die Akteure den *Handlungsbedarf sehen und einen Wunsch nach Unterstützung* äußern. Bereits bestehende Arbeitskreise sind oft so erfahren, dass es reicht, wenn die Kommune den Informationsfluss zwischen Netzwerken gewährleistet.

So bringt das Kommunale Bildungsbüro Gelsenkirchen etwa Schüler/innen und Elternvertreter/innen im Vorfeld der Bildungskonferenzen zusammen, so dass ein reger Austausch zur Vor- bzw. Nachbereitung der Konferenzen stattfinden kann. Desweiteren wurden hier, bisher immer einvernehmlich für alle Schulformen, die Vertreter/innen zu den Bildungskonferenzen benannt. Andere Möglichkeiten können die Bereitstellung von Räumlichkeiten, Moderations- oder Fortbildungsangeboten sein.

Gerade wenn Bildungslandschaften, wie etwa in Göttingen, nicht administrativ verankert sind, sollten *Identifikationsmöglichkeiten* geschaffen werden um Akteure zu erreichen und sie für die Mitarbeit im Netzwerk zu begeistern. Bildungsmanagerin Nina Zastrow hebt in diesem Zusammenhang die Bedeutung von Projekten hervor: «Um Leute an die Idee Bildungsregion zu binden, brauchen wir gute Projekte, unter denen man sich etwas vorstellen kann und die echten Mehrnutzen schaffen».

Die Kunst bei der Vernetzung besteht schließlich darin, die unterschiedlichen Perspektiven zusammenzubringen und ein klares *gemeinsames Leitziel* zu entwickeln, das die Basis der Zusammenarbeit bildet, denn «nur so haben die

Netzwerkpartner/innen eine Chance der gegenseitigen Unterstützung – das ist genauso wichtig wie Ressourcenfragen» (Bernd Zenker-Broeckmann).

Dabei ist zu berücksichtigen, dass sich Netzwerkarbeit stets im Spannungsfeld von *Kooperation und Konkurrenz* bewegt: So überzeugend das Bildungsverständnis «aus einem Guss» auch ist, so befinden sich doch einige Akteure auf dem Bildungsmarkt im Wettbewerb um Kunden, konkurrieren um Drittmittel oder öffentliche Zuwendungen. Bildungsangebote sind daher nicht nur mangels Absprache, sondern teilweise auch deshalb schlecht aufeinander abgestimmt, weil die Entwicklung von Alleinstellungsmerkmalen eine Strategie ist, um sich im Wettbewerb durchzusetzen. Um vorzubeugen, dass «die Konkurrenz nicht zum größeren K gegenüber der Kooperation wird» (Nina Zastrow), kann es sich bewähren, wenn «sehr stark betont wird, dass man gar kein Interesse an Konkurrenzen hat», so Sascha Wenzel, der auf die Handlungsmöglichkeiten auf der persönlichen Ebene verweist. Wenn die «Kümmerer» nach innen und nach außen zur Maxime machen, dass es um die Verbesserung der Bildungschancen von Kindern und Jugendlichen geht, ist es möglich, das Konkurrenzdenken einzudämmen.

Die gemeinsame Zielfindung für die Zusammenarbeit im Netzwerk gelingt am besten, wenn das Bildungsmanagement einen *Rahmen für einen öffentlichen und fortlaufenden Diskussionsprozess zur Verfügung stellt*, in dem sich die potenziellen Beteiligten kennenlernen, über die gegenwärtige Situation austauschen sowie Erwartungen an die Zusammenarbeit, ihre Ziele und Befürchtungen kommunizieren können. Die Vermittlung zwischen divergierenden Interessen und unterschiedlichen Fachsprachen lässt sich am besten durch eine *professionelle Moderation* bewältigen. Die Ergebnisse dieses Prozesses sollten schließlich schriftlich fixiert werden, etwa in Ziel- und Kooperationsvereinbarungen (s.u.).

Verstetigung und Verankerung der Bildungslandschaft

Damit sich der Vernetzungsprozess schließlich in nachhaltigen, tragfähigen Kooperationsbeziehungen verstetigen kann, braucht es solide und stabile Rahmenbedingungen sowie eine kommunalpolitisch verankerte Struktur, die dem Denken in Verantwortlichkeiten Rechnung trägt und doch ein produktives Maß an Unordnung zulässt (vgl. Schäfer 2009; Hebborn 2009; Schubert 2008). Im diesem Teil werden die wichtigsten Aspekte der *Netzwerkarchitektur* thematisiert.

Wichtige Eckpunkte sind Rechtsform, Organisationsstrukturen sowie Finanzierungsfragen, die zusammen mit den gemeinsam vereinbarten Zielen die Grundlage des Kommunalen Bildungsmanagements bilden und verbindlich fixiert werden sollten. Dafür empfiehlt sich die Arbeit mit Instrumenten aus dem Kontraktmanagement. So werden in den meisten Bildungslandschaften Ziel- bzw. Kooperationsvereinbarungen abgeschlossen, wie etwa in Gelsenkirchen. Laut Bernd Zenker-Broeckmann kommt dem *Kooperationsvertrag mit dem Land* eine zentrale Bedeutung zu, da er «die wichtigen Grundlagen mit verschiedenen Zielsetzungen und Handlungsfeldern» beinhaltet.

Rechts und Organisationsformen

Wenn Kommunen Bildungsvernetzungen initiieren, stehen ihnen mehrere Möglichkeiten offen.

Sind Bildungslandschaften *rein kommunal organisiert*, können sie bei verschiedenen Stellen bei Kreis, Gemeinden, Städten und Quartieren ansiedelt sein (siehe «Initiator/innen»).

Die Initiative und die institutionelle Ansiedlung können auch auseinanderfallen. In Bernburg ist die Initiative für das kommunale Bildungsengagement vom Baudezernat der Stadt ausgegangen, das mit dem Campus Technikus den Impuls für die Bildungslandschaft gesetzt hat. Dafür musste das Dezernat mit dem Schulverwaltungsamt des Salzlandkreises, also *interkommunal*, kooperieren. Die Netzwerkarbeit wird nun von letzterem aus gesteuert.

Alternativ können Kommunen und Kreise auf *andere Rechts- und Organisationsformen* zurückgreifen. So haben die Stadt und der Kreis Göttingen sowie die Kreise Osterode und Northeim den Regionalverband Südniedersachsen e.V. mit dem Aufbau der Bildungsregion beauftragt. Andere Bildungslandschaften sind zwar kommunal angesiedelt, aber als Verein organisiert (z.B. der FOrsprung e.V. in Forchheim). Weiterhin können wie im Kreis Lippe Kommunale Wirtschafts- und Beschäftigungsförderungsgesellschaften beauftragt werden.

Der Quadratkilometer Bildung zeigt beispielhaft, dass Bildungslandschaften auch *zivilgesell-schaftlich organisiert* ein können. Der Quadratkilometer ist ein Stiftungsprojekt ohne eigene Rechtsform. Das überregionale Dach ist die unselbstständige Stiftung «Ein Quadratkilometer Bildung». Die Trägerschaft für die «Pädagogische Werkstatt», das Herzstück des Quadratkilometers, deren Mitarbeiter/innen die Vernetzung sowie die Projektarbeit leiten, liegt beim Bündnispartner der RAA Berlin. Projektleiter Sascha Wenzel betont jedoch, dass sich in der Praxis die Stiftungen, die RAA, die Senatsverwaltung für Bildung, Wissenschaft und Forschung und das Bezirksamt Neukölln die Verantwortung teilen. Die Kooperation ist auch hier in einer gemeinsamen Vereinbarung fixiert.

Sinnvolle Organisationsstrukturen und Gremien

Als Faustregel für den Organisationsgrad von Bildungslandschaften kann die Maxime «so wenig wie möglich, so viel wie nötig» gelten. Gremien sollten nur geschaffen werden, wenn sie unabdingbar sind, da die Kooperationspartner/innen in der Regel bereits in zahlreiche Zusammenhänge involviert sind. Was angemessen ist, variiert mit den Bedingungen vor Ort und der Reichweite des Bildungsmanagements.

Zu den Gremien, die das Netzwerkmanagement kennen und die gerade (aber nicht nur) in vielen kommunal organisierten Bildungslandschaften eine Rolle spielen, gehören die folgenden.

Bildungslandschaften brauchen zentrale und intermediäre *Anlauf- und Koordinierungsstellen,* in denen sich Mitarbeiter/innen hauptamtlich um die Netzwerkpflege und sämtliche Projektangelegenheiten kümmern – die Aufgaben sind so umfangreich dass «das keiner ehren- oder nebenamtlich machen kann» (Nina Zastrow). Häufig handelt es sich um Kommunale oder Regionale Bildungsbüros. Um das Personal nicht zu überfordern und Frustration zu vermeiden, bedarf es einer möglichst klar definierten Aufgabenbeschreibung – in der Praxis werden immer noch zu häufig unerreichbare Ansprüche mit den Stellen von Bildungsmanager/innen verbunden.

Die Lenkung der Projekte wird in der Regel von interinstitutionell besetzten kommunalen oder regionalen *Steuerungsgruppen* auf Dezernats- oder Amtsleitungsebene gesteuert, da von hier die Entscheidungsgewalt ausgeht. Dort werden die Ausrichtung der Projekte bestimmt, Meilensteine festgelegt, Finanzbudgets geregelt und Verantwortlichkeiten verteilt.

Ein drittes Glied sind ressortübergreifende *Beratungsgremien.* Darunter werden Stabsstellen oder Beiräte gefasst, die die Steuerungsgruppen fachlich beraten und den Prozess begleiten. In diesen Gremien treffen meist ein bis zwei Mal im Jahr Bildungsakteure aus unterschiedlichen Bereichen zusammen, damit bei der operativen Umsetzung sämtliche Facetten berücksichtigt werden können: Vertreter/innen aus Ämtern, Akteure aus Bereichen mit übergeordnetem Bildungsbezug oder Schnittmengen mit Kindheit und Jugend wie die Jugendhilfe, Volkshochschulen, Bibliotheken, Musikschulen, Sportstätten, Kulturprojekte u.v.m., Vertreter/innen öffentlicher und freier Bildungsträger wie Kitas, Schulen, Universitäten, Institutionen der Weiterbildung, politische Entscheidungsträger/innen, Landeselternbeiräte, Schüler/innenvertreter, Kirchen, Vereine, Gewerkschaften, die Agentur für Arbeit, Handwerkskammern, Stiftungen, Akteure aus der lokalen Wirtschaft und viele andere mehr.

In Gelsenkirchen ist z.B. eine *Bildungskonferenz* das zentrale Gremium, in dem die Repräsentanten aller Institutionen und das gesamte Spektrum der zivilgesellschaftlichen Ebene vertreten sind. Sie tauschen sich in der Regel einmal im Jahr über verschiedene Themenfelder aus und stoßen Prozesse an.

Die eigentliche Vernetzungsarbeit wird meist durch Fachkräfte geleistet, die in thematischen *Arbeitskreisen und Projektgruppen* aktiv sind. Wenn sie schon vor den kommunalen Bildungsbemühungen existierten, agieren sie oft weitgehend unabhängig und benötigen nur dann administrative Unterstützung, wenn es erwünscht oder notwendig ist. Wenn die Gruppen durch das kommunale Bildungsmanagement ins Leben gerufen werden, ist die Berücksichtigung eigener Ressourcen zu berücksichtigen, da die Betreuung dieser Gruppen Zeit und Kapazitäten in Anspruch nimmt.

Um sicherzustellen, dass mit der Etablierung von Bildungslandschaften auch tatsächlich ein Verbesserungsprozess eingeleitet wird, gibt es fast überall

Arbeitskreise, die sich mit der Qualitätsentwicklung auseinandersetzen, die sogenannten *Qualitätszirkel* (mehr dazu unter «Qualitätsmanagement»). Erfahrungsgemäß sind solche Gruppen auf Zwischenebenen am besten angesiedelt, weil das Thema auf der Arbeitsebene schnell in Details versinkt, während es auf oberen Ebenen oft zu allgemein behandelt wird.

Horizontale Kooperation in der Kommunalverwaltung

Die Überwindung der institutionellen Zergliederung von Zuständigkeiten in den Kommunen ist ein Schlüsselmoment innerhalb der Bildungslandschaftsidee. Nach Möglichkeit sollten daher *innerhalb der Kommunalverwaltung langfristig integrierte ressortübergreifende Strukturen etabliert werden*, die offen für partizipative Elemente sind.

Wesentlich für den Erfolg des kommunalen Bildungsmanagements ist eine gemeinsame Planung. Ein erster Schritt in diese Richtung kann die *frühzeitige Abstimmung der relevanten Fachressorts* (insbesondere Schule und Jugendhilfe, aber auch Sozialplanung Stadtentwicklungs- bzw. Raumplanung, Kultur, Sport u.a.) sein. Die Verantwortlichen sollten über gemeinsame Ziele, Möglichkeiten der Zusammenarbeit und geeignete Maßnahmen sprechen und sich mit kritischen Rückmeldungen von außen (z.B. Eltern) auseinandersetzen. Verstetigt werden kann solch ein Prozess beispielsweise in gemeinsamen Ausschusssitzungen und der Synchronisierung von Planungsprozessen.

Weiterhin besteht die Möglichkeit, dass Fachplanungen ihre Informationssysteme *stärker abstimmen und eine gemeinsame Datengrundlage entwickeln* (vgl. auch Tibussek 2009; Schäfer 2009; Hebborn 2009).

Wenn es unter der Berücksichtigung der Größe und spezifischen Organisationsstrukturen sinnvoll erscheint und machbar ist, können *bildungsbezogene Ressorts auch direkt zusammengelegt* werden. So wurde in Gelsenkirchen, aber auch in anderen Städten mittlerer Größe, durch die Zusammenlegung des Schul- und Jugendamtes ein Referat «Bildung und Erziehung» geschaffen. Dies ist jedoch kein Allheilmittel. Während in Jugendämtern kleiner Gemeinden schon ein einziger Kinderschutzfall sämtliche Ressourcen absorbieren kann, können solche Ressorts in großen Städten zu groß werden. Welche Lösung die beste ist, muss von den relevanten Ressorts gemeinsam abgestimmt werden.

Ein guter Überblick über verschiedene Steuerungsmöglichkeiten der ressortübergreifenden Zusammenarbeit aus dem Programm «Lernende Region» findet sich im Heft «Die Kommune als Schnittstelle zum Lebenslangen Lernen».

Vertikale Kooperation: Wie die Kooperation mit den Ländern aussehen kann

Wenn Vorhaben der Bildungsvernetzung von übergeordneten administrativen und politischen Ebenen unterstützt werden, verbessern sich deren Erfolgsaussichten. Außerdem ist das Zusammenspiel von Bottom-up- und Top-down-Strukturen ein konstitutives Element des Bildungslandschaftsgedankens. Daher spielt die Koordination zwischen politischen Ebenen, eine wichtige Rolle. Von zentraler Bedeutung ist die Kooperation mit den Ländern: Sie braucht es, um staatlich-kommunale Verantwortungsgemeinschaften zu schaffen, und nur mit ihrer Zustimmung ist es möglich, die Planungs- und Budgetierungsspielräume der Kommunen zu erweitern.

Die Zusammenarbeit kann mit unterschiedlichen Ressorts erfolgen. Meist handelt es sich dabei um die Kultusministerien. In Nordrhein-Westfalen hat das Ministerium für Schule und Weiterbildung sogar die Initiative ergriffen: Sie regt Kommunen und Kreise dazu an, *Regionale Bildungsnetzwerke* zu etablieren. Unterzeichnen diese den bereits erwähnten Kooperationsvertrag, werden sie durch Landesbedienstete unterstützt. Bernd Zenker-Broeckmann bewertet das als sehr hilfreich, weil «die Teambildung aus Verwaltungsfachleuten, Pädagogen und Lehrern eine Austauschebene innerhalb einer Einheit schafft, die es ermöglicht, sämtliche Entwicklungen direkt aus unterschiedlichen fachlichen Perspektiven zu bewerten». In Baden-Württemberg gibt es das vergleichbare «Impulsprogramm Bildungsregionen».

Auch im Reuterkiez stellt das Land dem Projekt eine halbe Lehrer/innenstelle zur Verfügung, außerdem gehört die Senatsverwaltung für Bildung, Wissenschaft und Forschung zu den Mitinitiatoren. Nach Einschätzung von Sascha Wenzel hätten das Stiftungsprojekt ohne die Schulstrukturreform des Landes keine, die kommunalen Initiativen um den Campus Rütli und die langjährigen Bemühungen des Quartiersmanagements deutlich geringere Wirkungen erzielt. Er nennt als Kernerfahrung, dass privat initiierte Programme nur dann erfolgreich sein können, wenn sie auch eine öffentliche Reformbemühung anstoßen (was allerdings auch andersherum gilt). Außerdem kooperiert der Quadratkilometer Bildung mit der Senatsverwaltung für Stadtentwicklung.

Auch in Bernburg war die Unterstützung durch das Land eine Gelingensbedingung: «Als uns die Ministerien zugesichert haben, dass sie eine interministerielle Arbeitsgruppe bilden und das Projekt positiv begleitet werden, gab es einen Silberstreifen am Horizont. Daraufhin haben wir angefangen so richtig auf die Trommel zu hauen und für das Projekt zu werben, weil wir dann glaubhaft versichern konnten, dass es sich nicht bloß um Spinnereien handelt», erinnert sich Holger Köhncke.

Die Bildungslandschaft Göttingen arbeitet mit dem Ministerium für Ernährung, Landwirtschaft, Verbraucherschutz und Landesentwicklung zusammen, da letzteres Projekte der Entwicklung von Regionen fördert. Weiterhin unterstützt es das Bildungsmanagement punktuell mit zusätzlichen Fördermitteln. Das Niedersächsische Kultusministerium stellt der Bildungsregion mit dem Fokus auf das Thema Schulentwicklung für drei Jahre eine halbe Lehrerstelle zur Verfügung.

Finanzierung

Der multiperspektivische Bildungslandschaftsgedanke sollte sich nicht nur in der Zusammensetzung und in der Struktur des Netzwerkes wiederfinden, sondern auch in der Finanzierung.

Entsprechend ist das anzustrebende Ziel eine *Mischfinanzierung aus Stiftungsmitteln, Landesmitteln und kommunalen Mitteln.* Wie die Finanzierung in der Praxis eingeleitet wird und welche Rolle Kommunen jeweils spielen, ist grundsätzlich abhängig davon, ob das Projekt inner- oder außerhalb der Verwaltung getragen wird. Nicht überall ist die Entwicklung bereits so weit fortgeschritten wie in Nordrhein-Westfalen und Baden-Württemberg, wo die Kultusministerien ihren Kommunen Ressourcen zur Verfügung stellen, wenn diese Bildungsnetzwerke entwickeln.

Für die *Anschubfinanzierung* stehen Programme von Bund, Ländern, der EU sowie von Stiftungen zur Verfügung. Häufig gibt es auch Stiftungsverbünde aus öffentlichen und privaten Akteuren, in denen sich die Idee der Mischfinanzierung bereits ein Stück weit realisiert.

Besonders lohnenswert ist die *Akquise von Mitteln aus Programmen* zur *Förderung von Bildungslandschaften.*

Sascha Wenzel, Projektleiter des Berliner Quadratkilometers Bildung, legt großen Wert darauf, dass Kommunen *Stiftungen nicht nur als Sponsoren, sondern als Entwicklungspartner mit eigenen Zielen begreifen* sollten, denen Möglichkeiten offen stehen, die Kommunen selber nicht haben: So ist das Stiftungsprojekt in der Bildungslandschaft im Reuterkiez für «die Software» zuständig und kann die Qualität von pädagogischen Maßnahmen auf der Handlungsebene stärker in den Blick nehmen, als der kommunale Bildungsverbund, der auf Ebene des Bezirksamtes Neukölln angesiedelt und stärker für die «Hardware» verantwortlich ist.

Sofern sie der inhaltlichen Ausrichtung der Bildungslandschaften entsprechen, können auch *Förder- und Projektmittel für spezifische Themen* eingeworben werden. Welche Programme in Frage kommen, hängt letztendlich von der inhaltlichen Zielsetzung der Bildungslandschaft ab. Dabei kann es sich um die Förderung von Stadtteilen mit besonderem Entwicklungsbedarf, von Ganztagsschulen, Risikogruppen, Kultur, Sprachkompetenz, frühkindliche Förderung, die Stärkung partizipativer Elemente und vieles mehr handeln.

In der Regel müssen die Länder Mittel zur *Förderung der außerschulischen Kinder- und Jugendhilfe* bereitstellen, sind sie doch gesetzlich verpflichtet, die «Tätigkeit der Träger der öffentlichen und freien Jugendhilfe und die Weiterentwicklung der Jugendhilfe anzuregen und zu fördern» (§ 82 Abs.1 SGB VIII, aber auch Abs. 2). Außerschulische Jugendarbeit und der Elementarbereich sind auch durch Ausführungsgesetze zum SGB VIII abgedeckt. Darunter fallen zum Beispiel Gesetze zum Kindergarten oder zur Jugendförderung. Instrumente der Umsetzung sind schließlich die verschiedenen Landesjugendpläne, Rahmenpläne für die Förderung kultureller Aktivitäten oder die Förderung des Sports. Auch hier besteht die Möglichkeit zur Beantragung von Geldern.

Wer sich von hohem bürokratischem Aufwand nicht abschrecken lässt, kann zur Initiierung kommunaler Bildungslandschaften auch *Mittel der EU* beantragen, etwa aus dem Europäischen Sozialfonds. Die Bildungsregion Göttingen wurde für drei Jahre im Rahmen des Projektes «Modellregion Niedersachsen» finanziert, einem Projekt zur Stärkung der Regionen, dessen Federführung beim Niedersächsischen Ministerium für Ernährung, Landwirtschaft, Verbraucherschutz und Landesentwicklung liegt.

Kommunen können darüber hinaus versuchen, *freisetzbare finanzielle Ressourcen in ihren Haushalten* ausfindig zu machen. In Regionen mit einem negativen Bevölkerungssaldo werden oft Mittel frei, wenn Schulen angesichts rückläufiger Kinderzahlen geschlossen werden müssen. Gelder aus diesem Bereich könnten für neue Impulse der Bildungsarbeit umgewidmet werden. Auch sachliche, räumliche, personelle oder finanzielle *Ressourcen, die in den Ferien brach liegen* (zum Beispiel bei Jugendverbänden und -zentren oder Sportvereinen), können oft erschlossen werden.

Die Finanzierung über *Förderprogramme* ist jedoch *nicht unproblematisch.* So birgt sie zum einen die Gefahr, dass die aufgebauten Strukturen mit Ende des Förderungszeitraumes wieder zusammenbrechen. Weiterhin wird der inhaltliche Kooperationsgedanke schnell dadurch konterkariert, dass Bildungsakteure um Drittmittel konkurrieren müssen, um weitergefördert zu werden – was in der Praxis dazu führt, dass Kooperation eher verhindert wird. Nicht zuletzt rutschen Kommunen mit finanziellen Schwierigkeiten oft durch das Netz der Projektförderung, wenn sie nicht in der Lage sind, genügend Eigenmittel aufzubringen. Während die Ko-Finanzierung einzelner Projektvorhaben durch Drittmittel weitgehen unproblematisch ist, sollten die tragenden Strukturen verstetigt und entfristet werden – zur Gewährleistung einer *langfristigen ressortübergreifenden Finanzierung* sind die kommunalen Gebietskörperschaften gefragt.

Da die Finanzierungsbedingungen der unterschiedlichen Träger unterschiedlich stabil sind und eine verbindliche Planung auf lange Sicht oftmals schwierig ist, sind die kommunalen *Institutionen mit der konstantesten finanziellen Ausstattung* meist am ehesten in der Lage, das finanzielle Fundament zu sichern. Wegen ihres verpflichtenden Charakters fallen darunter Kindergärten und vor allem Schulen. Es ist jedoch Sorge dafür zu tragen, dass der erweiterte Bildungsbegriff in der Praxis nicht durch eine Schullastigkeit aufgegeben wird.

Viele Akteure aus den Bereichen der freiwilligen kommunalen Aufgaben (Kinder- und Jugendhilfe, Kultur, Sport u.ä.) müssen dahingegen ständig um die Verlängerung der Finanzierung bangen. Nehmen Kommunen den Anspruch einer Bildungslandschaft sowie die Sorgen ihrer Beteiligten ernst und wollen sie eine langfristig stabile und multiperspektivische Bildungsvernetzung erreichen, ist *gerade in den freiwilligen Bereichen ein klares Bekenntnis zur dauerhaften Förderung* unbedingt notwendig – auch wenn verbindliche Finanzierungszusagen in Kommunen ohne ausgeglichenen Haushalt nicht einfach zu treffen sind (Schäfer 2009).

Studien, die belegen, dass Investitionen in präventive Maßnahmen dazu führen, dass der Bedarf an späteren, sozialen «Reparaturmaßnahmen»(z.B. Hilfen zu Erziehung) reduziert wird, können *argumentative Schützenhilfe* leisten, wenn es darum geht, Kämmerer, die Kommunalaufsicht oder andere Schlüsselakteure zu überzeugen. Hier werden die Grenzen der Kameralistik, also des alten, inputorientierten Rechnungssystems, deutlich.

Budgets aus relevanten Bereichen können zu einem *(regionalen) Bildungsfonds* zusammengeführt werden, aus dem Qualifizierungs- und Unterstützungsleistungen sowie gemeinsame Projekte finanziert werden. Über die Verwendung der projektbezogenen Mittel ist gemeinsam zu entscheiden (Tibussek 2009: 210; Becker und Lohre 2011).

Analog zu den Sozialraumbudgets aus der Jugendhilfe schlägt Luthe (2009: 68f.) die Einführung von *Bildungsraumbudgets* vor. Darunter versteht er träger- und fachbereichsübergreifende Organisationsstrukturen, in die die relevanten kommunalen Amtsbereiche – wenn gewollt, auch kreisangehörige Gemeinden und andere staatliche Leistungsträger (z.B. Landesschulverwaltung oder ARGE) – finanziell eingebunden werden, so dass Kosten der Koordination, Verwaltung, Planung und Fortbildungen daraus finanziert werden können.

Kommunales Bildungsmanagement im laufenden Betrieb

Wenn die Vernetzung in die Wege geleitet wurde, Strukturen geschaffen wurden und die Finanzierung steht, geht die Arbeit in den laufenden Betrieb über: Die Beteiligten sollen das Netzwerk durch ihre Zusammenarbeit mit Leben füllen. Für das Bildungsmanagement fallen in dieser Phase vorrangig *Koordinationsaufgaben* an.

An dieser Stelle sollen drei besonders wichtige Aufgabenbereiche herausgegriffen werden. Da auch die beste Netzwerkarchitektur nicht hilft, wenn die Arbeit auf der Beziehungsebene nicht befriedigend ist, fällt darunter die *bewusste Gestaltung der Kooperationsbeziehungen*. Außerdem sollten Kommunen im Rahmen des *Qualitätsmanagements* die Wirksamkeit der ergriffenen Maßnahmen evaluieren und nicht zuletzt im Bereich der Öffentlichkeitsarbeit aktiv werden, um die Anstrengungen (und, wenn möglich, Erfolge) sichtbar zu machen.

Was zu einer guten Kommunikation verhilft – Kooperationsmanagement

Dass die Akteure mit der Einigung auf ein Ziel gemeinsam handeln, kann nicht vorausgesetzt, sondern muss vielmehr gemeinsam erarbeitet und erprobt werden; ebenso werden divergierende Interessen nicht ausgeschaltet, sondern müssen im laufenden Betrieb fortwährend vermittelt und im günstigsten Falle so ausgeglichen werden, dass alle Beteiligten gewinnen.

Kommunen sollten über den gesamten Prozess *Moderationsaufgaben übernehmen* (vgl. Schäfer 2009). Gerade kommunale Akteure, die bereits Erfahrungen im Regional- oder Quartiersmanagement gemacht haben, können sie oft zur Anwendung bringen.

Ist das nicht gegeben, besteht die Möglichkeit, auf externe Hilfe etwa in Form von *professionellen Projektbegleiter/innen* zurückzugreifen.

Eine zentrale Voraussetzung für ein produktives Kooperationsklima ist, dass sich alle Netzwerkpartner/innen von Anfang an zu einer *Kultur der Anerkennung und Wertschätzung* bekennen und sich während der Arbeit verlässlich daran halten (Hebborn 2009: 226; Kohorst 2009: 197).

Kommunen sollten *mit gutem Beispiel vorangehen*, etwa indem sie die Arbeit der einzelnen Initiativen würdigen. Niemand darf sich mit fremden Federn schmücken, «schließlich arbeiten viele Gruppen ja auch, ohne dass sie ein Bildungsbüro begleitet», weiß Bernd Zenker-Broeckmann aus seinen Erfahrungen in Gelsenkirchen zu berichten. Genauso werden außerkommunale Netzwerkpartner/innen nur dann bereit sein, sich in den gemeinsamen Pool einzubringen, wenn die Kommunen selber finanzielle und personelle Ressourcen beisteuern (Hebborn 2009; Schäfer 2009).

Weiterhin sollte darauf geachtet werden, dass die Arbeit unter Berücksichtigung der spezifischen Kompetenzen *so gleichberechtigt wie möglich* gestaltet wird. Randständige Akteure sollten gezielt einbezogen werden. Das darf allerdings nicht dazu führen, dass eine Kooperation auf Augenhöhe suggeriert wird, wenn sie strukturell nicht gegeben ist. Tibussek (2009) rät, offensiv und transparent mit Machtunterschieden umzugehen.

Anerkennung und Wertschätzung sollten auch für die *Verabredungs- und Feedbackkultur* zwischen Kommune und Netzwerkpartnern, aber auch unter letzteren, gelten. Die Beziehungen sollten auf verbindlichen Strukturen und Verlässlichkeit basieren. Kontinuität kann gezielt hergestellt werden, indem feste Arbeitsgruppen klar abgesteckte Aufgaben übernehmen und sich regelmäßig treffen.

Soll eine Bildungslandschaft ihrem partizipativen Anspruch gerecht werden, darf sie *keine abschreckende Wirkung auf Laien ausüben*. Daher sollte die Kommunikation nicht ausschließlich auf ein Fachpublikum abzielen. Weiterhin rät Tibussek (2009), die Zeitbudgets von Freiwilligen zu berücksichtigen und ihnen zu ermöglichen, sich auf eine niedrigschwellige Weise in Projekte einzubringen, ohne dass der Anspruch der Projekte insgesamt sinkt und es zu Qualitätseinbußen kommt.

Erfahrungsgemäß ist es so, dass die Arbeit in dem Maße befriedigender verläuft, je *enger und verbindlicher Absprachen* getroffen werden (Schäfer 2009). In Kooperationsverträgen und Zielvereinbarungen (siehe «Kontraktmanagement») können solche Vereinbarungen festgehalten werden, jedoch sollten sie flexibel für Veränderungen sein.

Um zu gewährleisten, dass die Koordination der Kommunikation innerhalb komplexer Prozesse gelingt, kann es ratsam sein, mit Instrumenten aus dem *Informations- und Wissensmanagement* zu arbeiten, zum Beispiel indem die Ergebnisse aller relevanter Besprechungen in Protokollen gesichert und verbreitet werden (Tibussek 2009: 214).

Von gelingender Kommunikation hängt es nicht zuletzt ab, ob die Beteiligten überhaupt motiviert sind, sich im Netzwerk zu engagieren. Die Bereitschaft zum Engagement kann schnell schwinden, wenn die Anfangseuphorie dem Eindruck weicht, dass die Zusammenarbeit Ressourcen beansprucht, ohne dass Ergebnisse sichtbar werden. Um dafür zu sorgen, dass die Kooperation in solchen sensiblen Phasen nicht einbricht, ist die Auseinandersetzung mit Fragen der *Motivation* und der *Umgang mit Motivationstiefs* wichtig.

Grundsätzlich kann Motivation nur dann entstehen, wenn alle Beteiligten von Anfang an einen Mehrwert in der Kooperation erkennen. So bestätigt auch Bernd Zenker-Broeckmann: «Wenn man nicht erkennt, dass die eigene Arbeit sich weiterentwickelt, haben Netzwerkstrukturen keine hohe Lebenszeit.» Daher ist es wichtig, den Beteiligten von Anfang an den *Nutzen des Engagements realistisch vor Augen zu führen* (Schäfer 2009).

Frustration kann vorgebeugt werden, indem die Beteiligten bereits zu Anfang darauf vorbereitet werden, dass die Kooperation zunächst einen unvermeidlichen Mehraufwand mit sich bringen wird, es sich dabei jedoch um eine *normale, notwendige Etappe* handelt.

Außerdem sollte vermittelt werden, dass der *Aufwand mit der Zeit abnehmen* und sich auszahlen wird, sind die neuen Kooperationsstrukturen doch langfristig darauf ausgerichtet, dass *Aufgaben schneller und erfolgreicher erledigt* werden können (Tibussek 2009).

Um zu vermeiden, dass sich angesichts der großen Herausforderungen Resignation oder Überforderung einstellt, sollte ein *schrittweises Wachstum* in Prozesszyklen anvisiert werden. Das Erreichen von Etappenzielen und *gemeinsamen Erfolgserlebnissen* haben eine überaus motivierende Wirkung für die Beteiligten (Tibussek 2009).

Oft werden Erfolge erst wirklich sichtbar, wenn die *eigene Arbeit von außen gespiegelt* wird. Holger Köhncke schildert, dass der mit dem Bernburger Vorhaben verbundene Stress in Zufriedenheit umgeschlagen ist, als «andere Kollegen völlig konsterniert darüber waren, dass wir solch ein Projekt überhaupt gestemmt haben». Die Bedeutung der Außendarstellung der eigenen Arbeit und des Einholens von Feedback sollte nicht vernachlässigt werden.

Gerade in konkflikthaften Phasen kann es sich auch auszahlen, den beteiligten Akteuren während des zeitaufwändigen Prozesses eine *professionelle Prozessbegleitung* in Form von Coaching- und Qualifizierungsangeboten an die Seite zu stellen. In der Pädagogischen Werkstatt im Berliner Reuterkiez ist die Beratung und Unterstützung der beteiligten Bildungsakteure sogar eine der Hauptaufgaben.

Auch *fachlicher Input* durch ausgewiesene Experten kann förderlich für die Motivation sein. Zum Beispiel bieten einige Hochschulen die Vermittlung aktueller Ergebnisse aus der Bildungsforschung und anderen relevanten Feldern an (Luthe 2008: 93).

Wenn in *kommunal verankerten Bildungslandschaften* Verwaltungsstrukturen umgebaut und Mitarbeiter/innen mit neuen Anforderungen konfrontiert werden, kann schnell Verunsicherung entstehen. Auch um aufkommende Revierkämpfe zu vermeiden muss darauf reagiert werden.

Eine *deutliche Definition der Aufgaben* kann hier Klarheit schaffen, die auch zeigt, was sich nicht ändern wird. Aller Vernetzung zum Trotz ist jeder für sein Aufgabenfeld verantwortlich, weiß Bernd Zenker-Broeckmann.

Wo Änderungen notwendig sind, ist es oft hilfreich, darauf hinzuweisen, dass sich nicht die Arbeitsinhalte ändern, sondern vorrangig die *Arbeitsweisen*. Gleichzeitig sollten die *Vorzüge* der neu zu erlernenden Methoden und Instrumente *betont* werden.

Nicht zuletzt besteht die Möglichkeit, die Mitarbeiter/innen mit *Anreizsystemen* zu motivieren, sich auf die Vernetzung und die neuen Strukturbildung einzulassen. So propagieren manche Autoren die Einführung gestaffelter Bonussysteme, in denen der Grad der erfolgten Vernetzungen honoriert wird (Maykus 2009: 52).

Sorge tragen, dass es gut wird – Qualitätsmanagement

Ob die Arbeit für die Beteiligten befriedigend verläuft, hängt davon ab, ob Fortschritte in Richtung der anvisierten Ziele zu verzeichnen sind: Führen die ergriffenen Maßnahmen tatsächlich zu Verbesserungen der Bildungsqualität? Werden die Förderlücken geschlossen, an denen die Bildungsbiographien zu scheitern drohen? Und inwieweit bildet sich überhaupt eine echte Bildungslandschaft heraus? Um solche Fragen, aber auch um die Qualität einzelner Projekte zu beantworten, bedarf es einer *fortlaufenden fachlichen Diskussion über Qualität*, die unterschiedlich umgesetzt werden kann.

Viele Bildungslandschaften vernetzen sich mit bestehenden *Qualitätszirkeln, die bereits zu bestimmten Themen arbeiten*; andere gründen neue. So richtete beispielsweise das Kommunale Bildungsbüro in Gelsenkirchen für alle Ganztagsschulen der Sekundarstufe I zwei schulformübergreifende Qualitätszirkel ein.

Weiterhin sollten *Qualitätszirkel*, deren Gegenstand die Bildungslandschaft selber ist, etabliert werden, die sich mit zielgerichteten Evaluations- und Dokumentationsverfahren beschäftigen. Die Mitglieder können «nur» Qualitätssicherungskonzepte auswählen, aber auch Kriterienkataloge und Prozedere für Selbstevaluationen entwickeln (Luthe 2008: 136). In Berlin hat sich etwa die «AG Qualität» damit beschäftigt, ein professionelles Verfahren zur Evaluierung der Bildungslandschaft zu entwickeln und konnte sich, nachdem das Verfahren mehrfach erprobt wurde, erfolgreich überflüssig machen.

Ein erster Schritt im Rahmen der Qualitätssicherung können *Befragungen* sein, wie sie das kommunale Bildungsbüro in Gelsenkirchen in Zusammenarbeit mit den Qualitätszirkeln durchführt: Hier wird erörtert, was evaluiert werden sollte, wie Befragungen aussehen und welche Zielgruppen dabei erreicht werden müssten.

Zum Qualitätsmanagement, mit dem in Bildungslandschaften gearbeitet wird, gibt es zahlreiche umfassende Konzepte, die als Anregung zur Entwicklung eigener Ansätze dienen können. Sie differieren nach Luthe (2009: 136) hinsichtlich des *Untersuchungsrahmens*, der sich von der output-orientierten Qualitätskontrolle über die Qualitätsentwicklung, also einem fortwährenden Reflexions- und Entwicklungsprozess, bis hin zur Qualitätssicherung erstrecken, mit der Struktur-, Prozess und Ergebnisqualität evaluiert werden.

Unterschieden werden *Konzepte zur Selbst- und Fremdevaluation*. Welche sich eignen, kann vom Entwicklungsstadium der Kooperation abhängig gemacht werden. Für die Ermittlung des Selbstbildes ist es vorteilhaft, wenn am Anfang ein Selbstevaluationsbericht steht. In Berlin wurde ein darauf abzielendes Verfahren, das «Audit Förderqualität», entwickelt, mit dem die Akteure aus den Bildungseinrichtungen im Reuterkiez jährlich den Status quo erheben, reflektieren und auf der Grundlage weitere Schritte planen können. Auf die Selbstevaluation kann eine Fremdevaluation fußen. So wird der Prozess im Reuterkiez durch «AuditorInnenteams» ergänzt, die «wertschätzende, aber kritische Rückmeldungen zum Projektverlauf» geben. Auf der Internetseite sind Arbeitsmaterialien für Auditgruppen sowie Auditor/innenteams zu finden. Konzepte aus diesem Bereich können gerade bei Erstüberprüfungen eine gute Orientierung bieten. Eine umfangreiche Zusammenstellung von unterschiedlichen Konzepten liefert Luthe (2009: 137ff.).

Luthe rät weiterhin, bei der Evaluation von Bildungslandschaften auch deren Raumbezug zu berücksichtigen. Da es bislang noch kaum raumsensible Qualitätsmanagement-Konzepte gibt, müssen die Bestehenden an die *Erfordernisse der Bildungslandschaften* angepasst werden, z.B. indem neben der Qualität der Anbieter/innen die Kooperationsqualität, also die Zusammenarbeit der Bildungsanbieter/innen, besonders zentral positioniert wird.

Ob raumbezogen oder nicht, bei der Entwicklung von Evaluationskonzepten müssen die *Qualitätskriterien* auf die spezifischen Leitziele und Bildungskontexte vor Ort abgestimmt werden. Kooperationsqualität kann etwa daran festgemacht werden, ob die Angebotsvielfalt bzw. das Kooperationsspektrum erweitert werden konnten, ob die Akteure ihre gemeinsamen Aktivitäten ausgeweitet haben, ob nachhaltige ressortübergreifende Strukturen wachsen oder ob Angebotslücken geschlossen wurden. Mittelfristig könnten die Ergebnisse der Zusammenarbeit beispielsweise an der Steigerung des Anteils bildungsferner Schichten an Bildungsangeboten gemessen werden. Einige gehen auch davon aus, dass sogar die Abnahme interventiver Maßnahmen durch Polizei und Jugendamt ein messbares Kriterium darstellen könnte. *Langfristige Kriterien* können die Steigerung des Bildungsniveaus einer Region, höhere Übergangsquoten zum Gymnasium, stabilisierte Teilnehmendenzahlen in Musikschulen, positive sozialpolitische Resultate oder eine verbesserte Wirtschafts- oder Beschäftigungsentwicklung darstellen.

Den Wandel bekannt machen – Öffentlichkeitsarbeit

Welchen Stellenwert der Öffentlichkeitsarbeit zukommt, hängt mit der Zielsetzung sowie der Architektur des Netzwerkes zusammen: Für die Bildungsregion Göttingen ist Öffentlichkeitsarbeit eine der Kernaufgaben. Zum einen, weil das kleine Team ohne Steuerungsbefugnis auf öffentlichkeitswirksame Instrumentarien wie Projekte, Veranstaltungen und die Homepage angewiesen ist, um auf sich aufmerksam zu machen. Zum anderen, weil die Region Südniedersachsen durch die Bildungsregion zur überregionalen Marke werden soll, auf die Fachkräfte wie «der Ingenieur aus Hamburg» aufmerksam und durch den Internetauftritt überzeugt werden können. Stiftungen hingegen möchten oft weitgehend unsichtbar bleiben und betreiben daher andere Kommunikationsformen. In jedem Fall bedarf es der Öffentlichkeitsarbeit, um die *anvisierten Zielgruppen* auf die Bildungslandschaft bzw. deren Aktivitäten und die involvierten Bildungsangebote aufmerksam und die mess- und sichtbaren Erfolge des Projektes als Wertschätzung gegenüber den engagierten Beteiligten bekannt zu machen. Generell spielen für alle Bildungslandschaften *öffentliche Veranstaltungen* eine wichtige Rolle, um Themen, die Relevanz für die Bildungslandschaft vor Ort haben, einer breiten Öffentlichkeit zur Diskussion zu stellen. Eine andere Möglichkeit besteht in der Ausrichtung von Fachtagungen, bei denen Fachleute ihre Expertise einbringen können.

Das Spektrum kommunikationspolitischer Instrumente kann zudem *klassische Werbemittel* wie Flyer und Broschüren, aber auch die Präsenz auf Messen, Events oder Fachtagungen umfassen (Luthe 2009). In diesem Kontext ist auch die Bedeutung von Lokalzeitungen nicht zu unterschätzen. Wenn sie über das Geschehen und die Aktivitäten berichten, können sehr viele Menschen vor Ort erreicht werden. Deswegen kann auch die Beziehungspflege zu den lokalen Medien ein wichtiger Bestandteil der Arbeit des Bildungsmanagements sein.

Abhängig vom konkreten Projekt können auch *weitere Kanäle* genutzt werden, um auf die Bildungslandschaft aufmerksam zu machen, etwa wie in Bernburg über die Ausschussarbeit oder, in der Bauphase, über Bauschilder. Gerade bei Bauprojekten bieten sich auch Ausstellungen an. In Bernburg war solch eine für ein halbes Jahr auf dem Schulgelände zu besichtigen.

Neben diesen «analogen» Möglichkeiten spielt das *Internet* eine ausschlaggebende Rolle für die Öffentlichkeitsarbeit.

Die *Homepages* sind besonders wichtige Medien. Sie können als Plattform genutzt werden, um auf sich und stattfindende Aktivitäten aufmerksam zu machen und die Angebote der Akteure vor Ort zu bündeln. In der Bildungsregion Göttingen kommt der Internetseite ein besonders zentraler Stellenwert zu, weswegen ihre Pflege ein Arbeitsschwerpunkt ist.

Häufige Anwendung finden auch *Newsletter*, die sich an lokale Institutionen, an die Beteiligten des Netzwerkes und Interessierte wenden und sie über die Eckpunkte, Themenfelder und aktuelle Entwicklungen in der Bildungslandschaft informieren. Die Verbreitung von Printversionen kann beispielsweise über Dachverbände laufen, die sie in ihren Einrichtungen weiterleiten.

Wo sich ein Newsletter nicht lohnt, kann die Arbeit mit Online-Newsletterprogrammen nützlich für eine ökonomische Öffentlichkeitsarbeit sein. In jedem Fall sind E-Mail-Verteiler brauchbare Instrumente für die Verteilung von Veranstaltungshinweisen, Newslettern oder anderen hilfreichen Informationen, da über sie viele Interessierte erreicht werden können.

Einige Bildungslandschaften sind auch in *sozialen Netzwerken* aktiv. So gibt es bereits Facebook-Profile von Bildungslandschaften, mit denen User «Freundschaften schließen» können. Auch Profile auf Twitter können dahingehend interessante Optionen darstellen.

Um passgenaue kommunikationspolitische Schritte in die Wege zu leiten, legt Luthe (2009: 156f.) Bildungslandschaften die Arbeit mit *Instrumenten aus der Marktforschung* nahe. Demnach müssen nach einer Erfassung der «Marktsituation» Marktziele festgelegt werden. An diesen orientieren sich dann die spezifischen Strategien (beispielhaft die Steigerung des Bekanntheitsgrades des Netzwerkes, die Verbesserung des Images, die gezielte Ansprache bestimmter Adressat/innen oder die passgenaue Erarbeitung neuer Angebote), die die Grundlage der weiteren Schritte darstellen. Allerdings ist aufzupassen, dass es in diesem Zuge (aber auch insgesamt) nicht zu einer Zweck-Mittel-Verkehrung kommt und Werbemaßnahmen ein höherer Stellenwert zugesprochen wird als Verbesserungen, von denen Kinder und Jugendliche profitieren sollen.

III Fazit: Was eine gute Bildungslandschaft ausmacht

Von einem gelungenen Vernetzungsprozess kann gesprochen werden, wenn es dem Bildungsmanagement gelingt, die relevanten Akteure zusammenzubringen, die sich in der Region, im Kreis, der Gemeinde, Stadt oder im Stadtteil für das Aufwachsen von Kindern und Jugendlichen verantwortlich fühlen; wenn bestehende Förderlücken vor Ort identifiziert und geschlossen werden, sei es durch Brücken zwischen Bildungsträgern, Politik und Zivilgesellschaft, sei es durch neu ins Leben gerufene Projekte und wenn die Impulse aus Projekten überführt werden können in ein kohärentes Bildungsnetzwerk, das die gesamte Bildungsbiographie der Kinder und Jugendlichen in den Blick nimmt.

Neben diesen organisatorischen Gütekriterien schließt diese Darstellung mit einigen Eigenschaften, die gute Bildungslandschaften aus eher normativer Sicht auszeichnen und die sicherstellen, dass die Potenziale, die im Konzept der Bildungslandschaft stecken, wirklich genutzt werden.

Offenheit und Transparenz als zentrale Charakteristika

Ausschlaggebend ist, dass mit den ergriffenen Maßnahmen ein nachhaltiger Mentalitätswandel weg von Zuständigkeiten hin zu Verantwortlichkeiten eingeleitet wird. Dies gilt für Verwaltungsstrukturen genauso wie für das Verhältnis zwischen Staat und Zivilgesellschaft. Ziel ist, dass alle Beteiligten ein Verständnis für die Handlungslogiken der anderen entwickeln und sich so langfristig ein von Kooperation und Kommunikation geprägter Politikstil herausbildet.

Bildungslandschaften dürfen nicht nur in der Theorie auf Partizipation und Transparenz gegründet sein. Wie Entscheidungen getroffen werden und wer welchen Einfluss hat, muss daher genau so transparent gemacht werden wie die Frage, welche Ziele Priorität haben und wie realistisch es ist, sie zu erreichen. Außerdem müssen Partizipationsmöglichkeiten für alle Akteure, insbesondere für Kinder und Jugendliche, implementiert werden, die nicht als Feigenblatt, sondern als wichtige Instrumente der Entscheidungsfindung ernst genommen werden.

Orientierung an den Bedürfnissen von Kinder und Jugendlichen

Das zentrale Erfolgskriterium ist, dass es im Prozess der Bildungslandschaftsentwicklung zu einer tatsächlichen Verbesserung der Aufwachsensbedingungen von Kindern und Jugendlichen kommt. Was das heißt, muss sich von deren Bedarf ableiten. Es reicht nicht, wenn sich die Erfolge auf Formziele beschränken, etwa wenn im Zuge der Umstrukturierung neue Managementtechniken in der Kommunalverwaltung zur Anwendung kommen, Erfahrungs- und Kompetenztransfer zwischen Erwachsenen stattfindet oder Einspareffekte und imagepolitische Effekte erzielt werden.

Handlungsbefähigung und Verwirklichungschancen erweitern

Damit Bildung für möglichst viele zum Schlüssel für soziale Teilhabe und faire Aufstiegschancen wird, muss Bildungsgerechtigkeit ein zentrales Leitmotiv aller Bildungsreformen sein. Priorität bei der Neuordnung des Bildungssystems und dem Management von Übergängen sollte jenen Förderlücken zukommen, an denen die Bildungsbiographien von Kindern und Jugendlichen aus schwierigen sozialen Verhältnisse besonders häufig scheitern. Das ist gleichzeitig eine zentrale Frage der sozialen Gerechtigkeit und der individuellen Handlungsbefähigung aller Kinder und Jugendlicher.

In Bildungslandschaften können gerade solche Lerngelegenheiten und Angebote ihren Platz finden, denen in der klassischen Halbtagsschule nur wenig Raum zuteil kommt – etwa aus dem kulturellen, künstlerischen, musikalischen, sportlichen, sozialen oder handwerklichen Bereich. Die klassische Vorstellung, dass Lernen vorwiegend im Klassenraum stattfindet, kann in Bildungslandschaften aufgebrochen werden. Neuen Lernorten auch im öffentlichen Raum kann mehr Platz eingeräumt werden, bieten sich hier doch wichtige Möglichkeiten zur kreativen und sinnhaften Aneignung von Kompetenzen, wie sie an formalen Lernorten nicht vorzufinden sind. Auch eröffnen Bildungslandschaften Möglichkeiten für einen neuen Umgang mit der Ressource Zeit jenseits der klassischen Taktung des Schulunterrichts.

So sinnvoll es ist, vor Ort alle Bildungsangebote auf einander zu beziehen und entlang der individuellen Bildungsbiographien zu orientieren, sollten die Grenzen des Eingriffs in die Lebenswelten von Kindern und Jugendlichen nicht aus den Augen verloren werden. So mahnt Hans-Jürgen Stolz, Leiter des Projektes «Lokale Bildungslandschaften» des Deutschen Jugendinstituts, vor einer allumfassenden Durchdringung der Lebenswelten junger Menschen: «Die Vernetzung der Institutionen hat klare, grundgesetzlich markierte Grenzen und darf nicht in einen lokalen ‹Präventionsstaat› münden, dessen paternalistischer Fürsorgepolitik sich niemand mehr entziehen kann» (Stolz 2009: 113). Neben der Ausweitung von Partizipationsrechten müssten auch Rückzugs- und Freiräume für Kinder und Jugendliche erhalten bzw. neu geschaffen werden.

Es ist zu hoffen, dass dieser Einblick in die Welt der Kommunalen Bildungslandschaften Akteuren aus der Kommune und aus der Zivilgesellschaft ermutigt und anregt, sich auf den Weg zu machen!

Mein herzlicher Dank gilt Dr. Norbert Reichel, der die Erstellung des Berichts mit großem Sachverstand und Verlässlichkeit unterstützt hat.

Literatur

Bleckmann, Peter; Durdel, Anja (Hg.) (2009): Lokale Bildungslandschaften. Perspektiven für Ganztagsschulen und Kommunen. Wiesbaden: VS Verlag für Sozialwissenschaften.
Bollweg, Petra; Otto, Hans-Uwe (Hg.) (2011): Räume flexibler Bildung. Bildungslandschaft in der Diskussion. Wiesbaden: VS Verlag für Sozialwissenschaften.
Luthe, Ernst-Wilhelm (2009): Kommunale Bildungslandschaften. Rechtliche und organisatorische Grundlagen. Berlin: Schmidt.
Solzbacher, Claudia; Minderop, Dorothea (Hg.) (2007): Bildungsnetzwerke und regionale Bildungslandschaften. Ziele und Konzepte, Aufgaben und Prozess. München: LinkLuchterhand (Praxishilfen Schule).
Reichel, Norbert (2008/9): Schule und Jugendhilfe in Landschaft mit Aussicht oder warum Ganztagsschule neue Formen der Bildungsplanung verlangen, in: inform 2+3 (2008), 3-10 und in: Forum für Kinder- und Jugendarbeit 25.1/2 (2009), 18-27.

Weitere Quellenangaben

Baumheimer, Ulrike; Warsewa, Günter (2009): Vernetzte Bildungslandschaften: Internationale Erfahrung und Stand der deutschen Entwicklungen. In: Bleckmann, Peter; Durdel, Anja (Hg.): Lokale Bildungslandschaften. Perspektiven für Ganztagsschulen und Kommunen. Wiesbaden: VS Verlag für Sozialwissenschaften, 19-36.
Becker, Mark; Lohre, Wilfried (2011): Bildung ist Gemeinschaftsaufgabe. Erfahrungen und Erkenntnisse in der Entwicklung regionaler Bildungslandschaften in Nordrhein-Westfalen. In: Otto, Hans-Uwe und Petra Bollweg: Räume flexibler Bildung. Bildungslandschaft in der Diskussion. Wiesbaden: VS Verlag für Sozialwissenschaften, 285-304.
Berse, Christoph (2009): Mehrdimensionale Bildung im Kontext kommunaler Bildungslandschaften. Bestandsaufnahme und Perspektiven. Univ., Philosophische Fakultät III, Diss. Halle, 2009. Opladen: Budrich UniPress.
Bundesministerium für Familie, Senioren, Frauen und Jugend: Bericht über die Lebenssituation junger Menschen und die Leistungen der Kinder- und Jugendhilfe in Deutschland. – Zwölfter Kinder- und Jugendbericht und Stellungnahme der Bundesregierung. Online verfügbar unter http://www.bmfsfj.de/RedaktionBMFSFJ/Abteilung5/Pdf-Anlagen/zwoelfter-kjb,property=pdf.pdf.
Bleckmann, Peter; Durdel, Anja (2009): Resümee: Vom gesellschaftlichen Wandel zielgerichteten Netzwerkens. In: Bleckmann, Peter; Durdel, Anja (Hg.): Lokale Bildungslandschaften. Perspektiven für Ganztagsschulen und Kommunen. Wiesbaden: VS Verlag für Sozialwissenschaften, 285-292.

Deutscher Verein für öffentliche und private Fürsorge e.V. (2007): Diskussionspapier des Deutschen Vereins zum Aufbau Kommunaler Bildungslandschaften. Online verfügbar unter http://www.deutscher-verein.de/05-empfehlungen/empfehlungen_archiv/empfehlungen 2007/pdf/Diskussionspapier_des_Deutschen_Vereins_zum_Aufbau_Kommunaler_Bildungs landschaften.pdf, [zuletzt geprüft am 12.07.2010].

Hebborn, Klaus (2009): Bildung in der Stadt: Bildungspolitik als kommunales Handlungsfeld. In: Bleckmann, Peter; Durdel, Anja (Hg.): Lokale Bildungslandschaften. Perspektiven für Ganztagsschulen und Kommunen. Wiesbaden: VS Verlag für Sozialwissenschaften, 221-232.

Knauf, Tassilo (2008): Netzwerk der Offenen Ganztagsschule in Herford. In: Schubert, Herbert (Hg.) (2008): Netzwerkmanagement. Koordination von professionellen Vernetzungen – Grundlagen und Praxisbeispiele. Wiesbaden: VS Verlag für Sozialwissenschaften, 167-178.

Kohorst, Josef (2009): Ein modernes Laboratorium in Berlin-Neukölln. Das Lokale Bildungsverbund Reuterkiez in Kooperation mit dem Projekt «Ein Quadratkilometer Bildung». In: Bleckmann, Peter; Durdel, Anja (Hg.): Lokale Bildungslandschaften. Perspektiven für Ganztagsschulen und Kommunen. Wiesbaden: VS Verlag für Sozialwissenschaften, 193-200.

Maykus, Stephan (2009): Neue Perspektiven für Kooperation: Jugendhilfe und Schule gestalten kommunale Systeme von Bildung, Betreuung und Erziehung. In: Bleckmann, Peter; Durdel, Anja (Hg.): Lokale Bildungslandschaften. Perspektiven für Ganztagsschulen und Kommunen. Wiesbaden: VS Verlag für Sozialwissenschaften, 37-56.

Schäfer, Klaus (2009): Herausforderungen bei der Gestaltung kommunaler Bildungslandschaften. In: Bleckmann, Peter; Durdel, Anja (Hg.): Lokale Bildungslandschaften. Perspektiven für Ganztagsschulen und Kommunen. Wiesbaden: VS Verlag für Sozialwissenschaften, 233-250.

Schubert, Herbert (2008): Netzwerkkooperation – Organisation und Koordination von professionellen Vernetzungen. In: Schubert, Herbert (Hg.): Netzwerkmanagement. Koordination von professionellen Vernetzungen – Grundlagen und Praxisbeispiele. Wiesbaden: VS Verlag für Sozialwissenschaften, 7-105.

Stolz, Heinz-Jürgen (2009): Gelingensbedingungen Kommunaler Bildungslandschaften. Die Perspektive der dezentrierten Ganztagsbildung. In: In: Bleckmann, Peter; Durdel, Anja (Hg.): Lokale Bildungslandschaften. Perspektiven für Ganztagsschulen und Kommunen. Wiesbaden: VS Verlag für Sozialwissenschaften, 105-119.

Stolz, Heinz-Jürgen (2010): Lokale Bildungslandschaften als Standortfaktor – neue Perspektiven kommunaler Bildungsverantwortung. In BMBF (HG.): Lokale Bildungslandschaften als Standortfaktor – neue Perspektiven kommunaler Bildungsverantwortung. Tagungsdokumentation [letzter Zugriff: 04.04.2011]

Süss, Ulrike; Harmand, Carmen; Felger, Susanne (2009): Auf dem Weg zur lokalen Bildungslandschaft. Integriertes Bildungsmanagement in Weinheim. In: Bleckmann, Peter; Durdel, Anja (Hg.): Lokale Bildungslandschaften. Perspektiven für Ganztagsschulen und Kommunen. Wiesbaden: VS Verlag für Sozialwissenschaften, 265-284.

Tibussek, Mario (2009): Netzwerkmanagement: Steuerung in Bildungslandschaften. In: Bleckmann, Peter; Durdel, Anja (Hg.): Lokale Bildungslandschaften. Perspektiven für Ganztagsschulen und Kommunen. Wiesbaden: VS Verlag für Sozialwissenschaften, 203-220.

SYBILLE VOLKHOLZ
Kommunale Bildungslandschaften
Einblicke in die Praxis

Einordnung und Fragestellung

Die Schulkommission der Heinrich-Böll-Stiftung «Bildungsgerechtigkeit im Lebenslauf»[1] hatte in den letzten Kapiteln ihrer Empfehlungen die Einrichtung von regionalen Verantwortungsgemeinschaften (oder Bildungslandschaften)[2] empfohlen: «Für das Aufwachsen von Kindern und Jugendlichen, ihre Erziehung und Bildung sind viele Menschen innerhalb und außerhalb von Institutionen verantwortlich. Wie dieses Aufwachsen gelingt und ob Benachteiligungen gemindert werden können, hängt davon ab, wie die Bedingungen des Aufwachsens gestaltet werden und wie die beteiligten Akteure handeln. Aus Sicht von Kindern und Jugendlichen bieten ihre Eltern, Geschwister, Freunde, Spielgruppen, Kitas und Tagesmütter, Schule, Kirchen, Vereine, Musikschulen, Bibliotheken, Sportstätten, Medien und Initiativen der Jugendhilfe wie auch Wirtschaftsbetriebe vielfältige Möglichkeiten des Lernens – oder auch nicht. Viele Potenziale werden dadurch verschenkt, dass zwischen diesen Akteuren zu wenig kooperiert wird, dass sie ihre Erziehungs- und Bildungsmaßnahmen nicht abstimmen» (S. 29).

«Eine bessere Koordinierung der Bildungseinrichtungen mit den anderen Institutionen wie auch mit Partnern der Zivilgesellschaft braucht organisierte Orte und den Aufbau regionaler Bildungslandschaften. Die Ausgestaltung der regionalen Bildungs- und Verantwortungsgemeinschaften im Rahmen landesrechtlicher Regelungen und zu treffender Zielvereinbarungen ist eine wichtige,

---

1 Heinrich-Böll-Stiftung (Hg.) (2009): Bildungsgerechtigkeit im Lebenslauf, Schriftenreihe zu Bildung und Kultur, Band 3, Berlin.
2 Der Sprachgebrauch dazu ist sehr uneinheitlich. Mal wird von regionalen oder kommunalen Verantwortungsgemeinschaften oder kommunalen Bildungslandschaften, mal auch von regionalen Bildungsnetzen gesprochen. Die entstehenden Netzwerke sind auf unterschiedlichen Ebenen, Kommunen oder Kreisen oder auch noch darunter angesiedelt, so dass kaum eine Bezeichnung gewählt werden kann, die alle Vorhaben zutreffend beschreibt. Ich werde von kommunalen oder regionalen Bildungslandschafen sprechen, aber ggfs. auch die jeweilige Bezeichnung des örtlichen Projektes übernehmen.

aktuell anstehende Aufgabe der politischen Entscheidungsträger im Bildungssystem» (S.31).

In Folge dieser Empfehlung und deren Präsentation ist der Bericht bei Anika Duveneck in Auftrag gegeben worden. Anika Duveneck beschreibt anhand von vier Beispielen, welche Akteure der verschiedenen Institutionen und Ebenen in Bildungslandschaften vernetzt werden. Der Bericht liefert eine gute Beschreibung davon, wer kooperiert, über Träger und Strukturen und Erfordernisse des Qualitätsmanagements.

Der folgende Text ergänzt den Bericht um weitere konkrete Beispiele und Beschreibungen davon, wie sich die Arbeit der Akteure vor Ort verändert, wenn sich die Strukturen verändern. Dabei geht es besonders um die Prozesse und darum, wie die entstehenden Gremien, Steuergruppen und Konferenzen das Handeln der Akteure vor Ort beeinflussen können.

Konzepte und Grundideen von Bildungslandschaften

«Am Anfang steht die Kooperation der staatlichen Stellen und Einrichtungen mit den Eltern. Häufig werden sie nicht als gleichberechtigte Partner in Erziehungspartnerschaften einbezogen. [...] Es folgt die Kooperation der staatlichen Stellen und öffentlichen Einrichtungen untereinander. Wie können die unterschiedlichen Ressorts Bildung, Jugend, Gesundheit und Soziales besser zusammenarbeiten? Die Schwierigkeiten wurden oft benannt, aber es scheint außerordentlich schwer, eine Änderung umzusetzen. So ist z.B. in Berlin die Zuständigkeit für Kinder, Jugendliche und Familien auf verschiedene Verwaltungsressorts verteilt, ohne dass diese ihre Arbeit hinreichend vernetzen und Informationen weitergeben. Allein die Umstellung der Zuständigkeit der Jugendämter auf Sozialräume ist ein Aufwand, der mehrere Jahre in Anspruch nimmt. Genauso müssen die Einrichtungen selbst – seien es Kindertagesstätten, Schulen oder Jugendhilfeeinrichtungen – aktiv Verantwortung für die Ergebnisse ihrer Arbeit übernehmen und besser kooperieren. Die Bildungsphasen müssen besser aufeinander abgestimmt werden. Kitas und Schulen müssen den Übergang der Kinder zwischen den Einrichtungen gut gestalten, genauso wie Grundschulen und weiterführende Schulen. Die Bedeutung der Netzwerke, die alle regionalen Angebote für die Erziehung und Bildung von Kindern einbeziehen, wurde oben bereits erörtert.»[3]

«Der Aufbau regionaler Bildungs- und Verantwortungsgemeinschaften ist eine aktuell anstehende Aufgabe der politischen Entscheidungsträger im Bildungssystem. Diese Erkenntnis reift erfreulicherweise auf vielen Ebenen. Der 13. Kinder- und Jugendbericht aus dem Jahr 2009 weist auf das Manko in ähnlicher Weise hin: «Notwendig ist der flächendeckende Auf- und Ausbau von Netzwerken, in denen die Angebote von Kinder- und Jugendhilfe, des Gesundheitssystems und der Behindertenhilfe zielgruppenspezifisch gebündelt werden.

---

[3] Sybille Volkholz (2011): Lesepaten in Berlin. Münster: 141.

Das gilt für die frühe Förderung von Familien ebenso wie für die Kindertagesbetreuung, die Schnittstelle zur Schule und inklusive Unterstützungssysteme für Kinder, Jugendliche und junge Erwachsene mit Behinderung.»[4]

Das Land Nordrhein-Westfalen hat im Anschluss an sein Vorhaben «Selbstständige Schule» gemeinsam mit der Bertelsmann-Stiftung begonnen, «regionale Bildungslandschaften» einzurichten.[5] Daraus wurde eine Dauereinrichtung, die auf der Homepage des Schulministeriums so dargestellt wird: «Schulen sind ein wichtiger Baustein zum Bildungserfolg von Kindern und Jugendlichen. Allein können sie jedoch ihre Aufgabe nicht meistern. Sie benötigen die Unterstützung aller regionalen Experten. Jugendämter, Bibliotheken, Museen, Volkshochschulen, Medienzentren, Kirchen, Polizei, Kammern, Musikschulen, Sportvereine und viele weitere. Alle tragen mit ihren Angeboten zum Bildungserfolg junger Menschen bei. Regionale Bildungsnetzwerke unterstützen die Idee eines ganzheitlichen Bildungsverständnisses, indem sie über Altersgrenzen hinweg schulisches und außerschulisches Lernen in den Mittelpunkt stellen. Durch die Zusammenführung der lokalen Bildungs-, Erziehungs- und Beratungssysteme zu einem Gesamtsystem gelingt eine Optimierung der Förderung von Kindern und Jugendlichen. Regionale Bildungsnetzwerke schaffen den Schulen, Kommunen und der Schulaufsicht bisher nicht bekannte Informations- und Kommunikationsplattformen. Die Schulen können sich hier schulformübergreifend vernetzen, mit dem Schulträger und der Schulaufsicht eng zusammenarbeiten und unbürokratisch den Fortbildungsbedarf und Ressourceneinsatz abstimmen. Landesweit werden dafür drei Gremien geschaffen: Regionale Bildungskonferenzen, Lenkungskreise und Geschäftsstellen bilden die Strukturen der Bildungsnetzwerke. Mit den Regionalen Bildungsnetzwerken haben das Land Nordrhein-Westfalen und die Städte und Kreise die Chance, aber auch die Pflicht, flächendeckend miteinander zu kooperieren und ein ganzheitliches Bildungskonzept zu entwickeln. Ziel der Vereinbarungen ist es, alle kommunalen und gesellschaftlichen Kräfte vor Ort zur Unterstützung von Schulen zu bündeln.»[6]

All diese Projekte und Anregungen basieren auf der Erkenntnis, dass Defizite bei der Koordination nicht nur erhebliche Kosten zur Folge haben, sondern auch ganz entscheidend die Wirkung der einzelnen Maßnahmen verringern. Die betroffenen Familien stehen mit ihren Kindern häufig vor divergierenden Ratschlägen und Anforderungen, die mehr verwirren als helfen. Hier gemeinsam mit den Familien zu agieren ist allein schon ein hinreichender Grund, in diese Richtung zu gehen.[7]

---

4   Bundesministerium für Familie, Senioren, Frauen und Jugend (Hg.) (2009): 13. Kinder- und Jugendbericht. Bericht über die Lebenssituation junger Menschen und die Leistungen der Kinder- und Jugendhilfe in Deutschland, Bundestagsdrucksache 16/12860. Berlin: 41.
5   Projektleitung «Selbstständige Schule» (Hg.) (2004): Regionale Bildungslandschaften. Köln.
6   www.regionale.bildungsnetzwerke.nrw.de/
7   Volkholz, a.a.O.: 143f.

Der Aufbau regionaler Bildungslandschaften wird also vielfach empfohlen und ist auch in vielfältigen Ansätzen in der Entstehung, teilweise schon seit einigen Jahren. Was lässt sich über die ausgewählten Verantwortungsgemeinschaften berichten, welche Fragestellungen ergeben sich?

Fragen an ausgewählte Bildungslandschaften

So vielversprechend die Konzepte klingen, so wenig kann darauf geschlossen werden, dass sich daraus schon Auswirkungen auf die konkrete Praxis ergeben. Wie hat sich die Arbeit der einzelnen Akteure verändert, wenn sie nicht in den hergebrachten Strukturen arbeiten, sondern in neuen Kontexten? Führt bereits die Zusammenarbeit zur Veränderung der Arbeit, die möglicherweise vorher vereinzelt erledigt wurde? Wie wird diese Veränderung von den Beteiligten wahrgenommen? Was genau wird in den Bildungslandschaften vereinbart und wie verändern sich die Bedingungen des Aufwachsens und des Lernens für Kinder und Jugendliche? Werden Zielgruppen besonders ausgewählt? Bekommen sie zusätzliche Zeit zur Verfügung und wenn ja, durch wen? Sind es überwiegend professionelle Akteure und/oder werden auch Ehrenamtliche gezielt eingesetzt? Welche Inhalte sind von neuen Aktionsformen betroffen oder werden zusätzlich oder in neuer Form angeboten? Wird sichtbar, dass Bildungslandschaften mehr Bildungsgerechtigkeit erreichen?

Alle diese Punkte waren in Konzepten der regionalen Landschaften erwähnt und lösten die Hoffnung aus, hier weiter fündig zu werden. Allerdings sei hier schon erwähnt, dass der Zeitraum, in dem die Bildungsbüros und die neuen Netzwerke arbeiten, noch viel zu kurz ist als dass schon Verhaltensänderungen oder Änderungen in Haltungen wirklich zu konstatieren, geschweige denn Effekte bei Kindern zu beobachten wären. Die Fragestellungen, mit denen ich nach den ersten Gesprächen die Bildungslandschaften weiterhin untersucht habe, sind an den derzeitigen Entwicklungsstand angepasst worden.

So wird stärker bei den einzelnen Bildungslandschaften nach den konkreten Inhalten und Zielen gefragt, nach Gremien und Steuerungsinstrumenten und wie diese mit den traditionell zuständigen Ressorts kooperieren. Wie werden Veränderungen angestrebt?

Wodurch wird das einzelne Kind, bzw. die sog. «Risikogruppe» in den Fokus des Handelns gerückt? Wird die Zusammenarbeit zwischen Bildungseinrichtungen und Eltern verbessert? Wird bürgerschaftliches Engagement als Ergänzung zu Bildungseinrichtungen bewusst gefördert.

Auch hierzu gaben die Unterlagen und Gespräche nicht gleichermaßen Auskunft, es ist aber hoffentlich ein Eindruck möglich – und sicher bieten sich hierzu Anschlussarbeiten an.

Die folgende Übersicht basiert vor allem auf Gesprächen mit den ausgewählten Regionen und den Materialien, die diese auf ihren jeweiligen Homepages oder in Papierform präsentieren. Es wird kein standardisierter Fragenkatalog abgearbeitet, sondern es wird beispielhaft und hoffentlich möglichst anschaulich die Erarbeitung von neuen Netzstrukturen nachvollziehbar.

Strukturen und Arbeiten in Bildungslandschaften

Aus vielfältigen Gründen und durch Vorabrecherchen hat es sich als günstig erwiesen, nicht nur auf die Bildungslandschaften in dem vorausgehenden Bericht zurückzugreifen, sondern auch noch andere auszuwählen. So sind neben den dort beschriebenen Quadratkilometern Bildung in Moabit und Neukölln auch Regionen aus Berlin hinzu gezogen worden, die in der Kooperation vor allem von Jugendhilfe und Schule schon ausgewiesene Erfahrungen haben. Zudem wurde eine Region aus «Lernen vor Ort», Leipzig ausgewählt. Dazu kam Paderborn, das ein Bildungsbüro schon aus der Initiative der Kommune (mit der Bertelsmann-Stiftung) eingerichtet hat wie auch ein Bildungsbüro auf Kreisebene im Rahmen der Bildungslandschaften in NRW.

Es werden im Folgenden kurze Berichte über den Stand der jeweiligen Landschaften gegeben, wie sie sich in den Gesprächen mit den Verantwortlichen darstellten. Teilweise haben diese Berichte unterschiedliche Schwerpunkte, je nachdem worauf der Fokus des jeweiligen Projektes lag und in welchem Entwicklungsstadium es sich befindet.

Beispiel Berlin

Quadratkilometer Bildung (km2 Bildung) in Neukölln (Reuterkiez)

Der Quadratkilometer Bildung (km2 Bildung) in Neukölln (Reuterkiez) ist bei Anika Duveneck beschrieben als eine bottom-up-orientierte Lern- und Entwicklungsplattform, die das Ziel verfolgt, bestehende Ansätze im Stadtteil so zu verknüpfen, dass Förderlücken geschlossen und damit die Bildungserfolge der Kinder und Jugendlichen erhöht werden.

Sascha Wenzel (RAA), Leiter des km2, und Marike Meinz, Mitarbeiterin, beschreiben die Entwicklung und die konkrete Arbeit vor Ort folgendermaßen:

Der km2 Bildung ist für zehn Jahre konzipiert und finanziert. Er umfasst die 1. Gemeinschaftsschule Neukölln mit der Grundstufe (Franz-Schubert-Grundschule) und der Sekundarstufe (ehem. Rütli-Oberschule und Heinrich-Heine-Oberschule); dazu gehören das Adolf-Reichwein-Förderzentrum, sieben Kindertagesstätten und drei Jugendeinrichtungen; dazu gehören als Kooperationspartner die Theodor-Storm-Grundschule und die Elbe-Grundschule. Das Büro verfügt neben einer halben Stelle für den Projektleiter über vier weitere Personen auf insgesamt eineinhalb Vollzeitstellen.

Die Aufgabe des km2 Bildung ist es, die Kooperation der Einrichtungen, die mit der Erziehung und Bildung von Kindern und Jugendlichen zu tun haben, anzuregen und zu verbessern. Ziel ist es, die Anzahl von Bildungsverlierern zu verringern und frühzeitig darauf zu achten, dass keine Kinder verloren gehen.

Die Datenlage über Übergänge und Verbleib der Kinder war dürftig, bzw. unbekannt.

Nach dem Bericht von Sascha Wenzel bestand die erste Phase der Werkstatt Neukölln 2007 darin, mit den Einrichtungen und den zuständigen Ressorts im Bezirk Interviews zu führen, wobei die Idee des km2 Bildung nicht durchweg auf Freude stieß.

Das Konzept des km2 Bildung sah bewusst nicht vor, neue Steuerungsgruppen und Gremien zu schaffen, sondern vorhandene zu nutzen, z.B. die Bildungssteuerungsrunde des Quartiersmanagements.

Vorhandene Gremien der Kooperation im Bezirk sind: Der Arbeitskreis der Akteure (AdA); dieser besteht aus Jugendeinrichtungen, Schulen, Kitas, und den Regionalen Sozialen Diensten (RSD), wie Hilfen zur Erziehung, Jugendpsychiatrischem Dienst, Schulaufsicht, Schulpsycholog/innen, dem Quartiersmanagement und dem km2 Bildung. Die Treffen finden einmal im Monat statt. Diesen Arbeitskreis gibt es seit zwei Jahren, er befindet sich momentan in einer Krise. Seine Wirkung ist schwer zu beurteilen.

Einmal wöchentlich findet ein Treffen der Regionalen Sozialen Dienste (RSD) mit Schulleitungen statt. Diese sind am ehesten auf die einzelnen Kinder bezogen, und dort werden Informationen über Problemfälle ausgetauscht.

Mindestens je zwei Einrichtungen, Kita und/oder Schule, sollten im km2 Bildung zusammenarbeiten. Die Kooperation umfasst die (verpflichtende) Teilnahme an einem einmal jährlich veranstalteten Workshop sowie schriftliche Berichte der Einrichtungen mit Selbstbewertungen. Die Veranstaltung ist mit den Bildungskonferenzen in anderen Regionen (z.B. NRW) vergleichbar. Wie weit diese für die Arbeit alltagsrelevant sind, lässt sich derzeit noch nicht beantworten. Für den jährlichen Bericht gibt es das «Audit Förderqualität», mit dem jede Einrichtung die eigene Entwicklung reflektieren muss.[8]

Um das Ziel einer größeren Bildungsgerechtigkeit zu erreichen (oder als Beitrag zum Ausgleich von Nachteilen) hat der km2 Bildung einige Möglichkeiten:

Die Hauptdefizite bei Kindern liegen im sprachlichen Bereich. Es hat Kurse zur Vorbereitung auf den MSA-Abschluss gegeben, die durchaus zu Verbesserungen der Abschlussbilanz geführt haben. Rückwirkungen auf den Unterricht der Lehrkräfte können noch nicht festgestellt werden.

Der km2 Bildung vergibt Stipendien (80 Euro monatlich) an Kinder auf Empfehlung von jeweils einer Lehrkraft gemeinsam mit einem Sozialarbeiter oder einer außerschulischen Person, z.B. dem Fußballtrainer. Voraussetzung ist, dass das vorgeschlagene Kind in einem Feld herausragt, sei es in einem schulischen Kompetenzbereich, sei es in einem außerschulischen Bereich. Das Programm umfasst derzeit zwölf Jugendliche, die auch Bildungspaten an die

---

8 http://www.ein-km2 Bildung-bildung.org/wp-content/uploads/2010/05/Audit-Foerderqualitaet.pdf

Seite bekommen. Das Programm ist kein Selbstläufer und muss immer wieder in Erinnerung gebracht werden.

Die Kooperation der pädagogischen Kräfte vor Ort in neuen Zuschnitten ist schwierig zu erreichen und erfordert häufig einen anderen Blick auf die eigene Region.

So war das Übergangsverhalten von Kitas zur Grundschule und zur weiterführenden Schule wenig bekannt und unterlag einer ziemlichen Mythenbildung, an der auch verschiedene Reformprojekte beteiligt waren. Die Daten werden nun seit einigen Jahren erhoben und zeigen, dass die Übergänge zwischen den Einrichtungen im km2 Bildung relativ gering sind. Von den Kitakindern des Reuterkiezes wechselten 2009/10 22 Prozent in die Schuleingangsphase des dazugehörigen Campus Rütli; 2010/11 waren es 27 Prozent (27 Kinder). Aus der Grundstufe des Campus Rütli wechselten im Schuljahr 2009/10 29 Prozent (14 Schüler) und im Schuljahr 2010/11 16 Prozent (14 Schüler) in die Sekundarstufe. Die Kooperation von Kita und Schule spiegelt sich noch nicht in der Bildungsbiographie der Kinder wider, d.h. die Übergangsquote hat sich noch nicht relevant erhöht.

Die Einbeziehung der Eltern ist schwierig, der Kontakt zu den Rucksackmüttern (ein Familienbildungs- und Sprachförderprojekt der Regionalen Arbeitsstelle für Bildung, Integration und Demokratie (RAA) e.V.) ist deutlich geringer als in Moabit. Es hat einen Versuch gegeben, eine Elternkonferenz auch gemeinsam mit Migrantenorganisationen einzurichten. Dies ist nicht kontinuierlich fortgeführt worden. Auf dem Campus Rütli entsteht ein Elternzentrum. Ob es angenommen werden wird, ist noch offen.

Die Lernkultur in Kitas und Schulen soll durch Lernwerkstätten gefördert werden. Diese werden durch eine (aus PKB-Mitteln bezahlte) Person begleitet, was mittlerweile dazu beigetragen hat, dass die Arbeit in der Lernwerkstatt ins Schulcurriculum eingebaut worden ist. Das Portfolio soll als Instrument der Entwicklungsbeobachtung ausgebaut werden, die Zusammenarbeit mit den Eltern verbessern und möglicherweise auch den Besuch der angrenzenden Einrichtungen erhöhen.

Der km2 Bildung mit seiner pädagogischen Werkstatt stellt Personal und Raum zur Verfügung. Es gibt ein intensives Bemühen um Teilnahme an den Abstimmungskonferenzen. Es ist aber zu beobachten, dass es noch ein schwieriges Problem ist, das Verhalten und die eingeübten Alltagsroutinen der Akteure vor Ort so zu verändern, dass die Bildungsverläufe der einzelnen Kinder ausreichend im Blickpunkt wären.

Quadratkilometer Bildung (km2 Bildung) in Moabit

Der Bericht beruht auf einem Gespräch mit Barbara Kirchner (RAA), der Leiterin des km2 Bildung, und Sabine Borath vom Christlichen Jugenddorfwerk Deutschland e.V. (CJD), die durch eine mehr oder wenig zufällig entstandene Kooperation ihren Arbeitsplatz in der Pädagogischen Werkstatt ansiedeln konnte.

Daraus hat sich eine inhaltliche Zusammenarbeit entwickelt, die der Schule bei der Entwicklung pädagogischer Konzepte für bestimmte Fragestellungen hilft, z.B. für Pünktlichkeit und regelmäßigen Schulbesuch von Kindern. Die Pädagogische Werkstatt und das CJD kooperieren miteinander, um Angebote sinnvoll abzustimmen.

Ein km2 Bildung in Berlin-Moabit ist ebenfalls auf zehn Jahre hin konzipiert und finanziert. Den Mittelpunkt des Netzes bilden die Carl-Bolle-Grundschule und zwei Kindertagesstätten, die Kita Emdener Straße und die Kita Huttenstraße.

Wie auch in Neukölln hat der km2 Bildung keine neuen Steuerungsgremien geschaffen, sondern kann durch die Vergabe von Mitteln und die pädagogische Werkstatt als Raumangebot Anreize zu Kooperation und Veränderung bieten. Die pädagogische Werkstatt hat nicht die Funktion von Bildungsbüros. Sie hat bis jetzt auch nicht die Möglichkeit, die Kooperation von verschiedenen Ressorts in den Bezirken zu beeinflussen.

Die Arbeit des km2 Bildung besteht vor allem darin, die Akteure der verschiedenen Einrichtungen zusammenzubringen, Fortbildungsangebote zu organisieren sowie mit der Pädagogischen Werkstatt einen Ort anzubieten, an dem die verschiedenen Veranstaltungen – auch für Eltern – stattfinden können. Ziel ist es, im Sinne der Kinder die gegenseitigen Kooperationen zu verbessern, Förderlücken zu schließen und die Übergänge zu gestalten. Durch eine jährliche Datenerhebung wird versucht, die Wege der Kinder nachzuvollziehen.

Der km2 Bildung kann der Schule und den Kitas auch Mittel zur Qualitätsentwicklung zur Verfügung stellen, allerdings sind diese begrenzt. Durch die Hilfe der RAA können zur Zeit zwei Roma-Schulmediator/innen eingesetzt werden, die für die ca. 100 Roma-Kinder der Carl-Bolle-Grundschule eine wichtige Funktion haben. Die Arbeit der Mediator/innen hat zu größerer Akzeptanz und zu einem größeren Verständnis der Lehrkräfte für die Roma-Kinder geführt. Die Eltern kommen jetzt auch häufiger in die Schule und nehmen die Angebote an. Die Roma-Schulmediator/innen stellen besonders den Kontakt zwischen Elternhaus, Schule und Ämtern, z.B. dem Jugendamt her. Die Erfahrung mit diesen Mediator/innen hat dazu geführt, dass auch eine an der Schule tätige arabische Lehrkraft ihr Aufgabenspektrum um interkulturelle Kooperation erweitert hat.

Für Lehrkräfte wurde eine Fortbildung zu Lerntherapien durchgeführt. Dies führt beobachtbar zu Haltungsänderungen und zur Erweiterung der methodischen Handlungskompetenz und es hat positive Auswirkungen auf weitere Kinder.

Regelmäßig treffen sich in der pädagogischen Werkstatt die Leitungen der Einrichtungen wie auch die Rucksackmütter. Es gibt dort Angebote für Eltern, z.B. gemeinsames Basteln von Schultüten. Das Projekt hat sich in der Pädagogischen Werkstatt quasi zu einer Selbsthilfegruppe der Mütter entwickelt.

Die Räume der Werkstatt stehen nach Möglichkeit auch für Veranstaltungen des Quartiersmanagements und anderer Kiezakteure zur Verfügung.

Ein weiteres wichtiges Arbeitsfeld in der pädagogischen Werkstatt ist die Verbesserung der Zusammenarbeit der Schule mit den Eltern. So wurden in der Schule, in Kooperation mit dem CJD, dem TBB, der Initiative Mütter für Mütter und dem Lotsenprojekt Brücke Informationsveranstaltungen zum Bildungspaket durchgeführt mit Infos in verschiedenen Sprachen. Dies hat auch dazu geführt, dass das Paket besser angenommen wird, vor allem aber hat es Vertrauen zwischen Eltern und Schule geschaffen.

Migrantenorganisationen lassen sich in diese Bemühungen einbinden, Eltern sind ansprechbar und halten besseren Kontakt zu Kita und Schule.

Der km2 Bildung kann auch Mittel für die Fortbildung der Erzieherinnen u.a. für die Sprachbildung zur Verfügung stellen. Durch die Sprachförderung der Rucksackmütter verbessert sich auch die Sprachkompetenz der Kinder merkbar.

Einrichtungen, die zum km2 Bildung gehören, führen einmal jährlich einen Selbstbewertungsworkshop durch, das «Audit Förderqualität» ist verbindlich, und ihm folgt eine Maßnahmenplanung. Ziel ist es, ein gemeinsames Qualitätsverständnis der Einrichtungen zu erreichen. Die pädagogische Werkstatt kann die Maßnahmen unterstützen, z. B. mit der Schule gemeinsam einen Studientag zur Profilentwicklung organisieren und durchführen.

Der Bezirk wie auch die Schulaufsicht unterstützten den km2 Bildung. Die Kooperation mit dem Quartiersmanagement Moabit-West ist gut.

Zusammengefasst kann man für beide Quadratkilometer Bildung in Berlin festhalten: Das Projekt versucht bewusst, ohne neue Steuerungsgremien zu arbeiten; es will die vorhandenen Akteure zu mehr Kooperation und Veränderungen ihrer Arbeitsweise bewegen. Die Instrumente dafür sind zusätzliches Personal, zusätzliche Mittel, zusätzliche Räume. Mit den pädagogischen Werkstätten werden Räume für die Akteure zur Verfügung gestellt, die jenseits festgelegter Zuschreibungen existieren. Die Leitungen und Mitarbeiter können Angebote machen, und beide km2 Bildung haben jeweils Budgets, um thematische Anreize zu schaffen. Die beteiligten Einrichtungen müssen sich selbst verpflichten, ihre eigene Entwicklung zu beobachten. Auch dadurch soll Anreiz für Veränderung geschaffen werden. Es lohnt sicher, in den nächsten Jahren mit diesen Regionen Kontakt zu halten, um weiter zu beobachten, ob die Selbstreflexion zu Qualitätsverbesserungen führt und der Blick auf die einzelnen Kinder und deren Förderungsbedarf geschärft wird.

Berliner Entwicklung: Senatsverwaltung für Bildung, Wissenschaft und Forschung und ausgewählte Bezirke zu Kooperation Jugendhilfe und Schule

Offensichtlich sind die Empfehlungen der Schulkommission in einer Zeit entstanden, in der die Notwendigkeit der besseren Kooperation aller an der Erziehung von Kindern beteiligten Personen sich als besondere Herausforderung stellte. Es sind nicht nur die Defizite in der Abstimmung von Erziehungszielen und -maßnahmen, die deutlich wurden, auch die Nutzung von Finanzmitteln wird dadurch ineffizient, dass verschiedene Ressorts auf sehr unterschiedlichen Gesetzesgrundlagen, aber bezogen auf den gleichen Personenkreis handeln.

Im Frühjahr 2010 veröffentliche die Senatsverwaltung für Bildung, Wissenschaft und Forschung einen «Projektbericht Gesamtstruktur Schule-Jugendhilfe». Aus dieser Analyse wird deutlich, dass die unterschiedlichen Gesetzesgrundlagen, das Sozialgesetzbuch, das Kinder- und Jugendhilfegesetz und das Schulgesetz zu vielfältigen und häufig parallel laufenden Maßnahmenfinanzierungen führen. Die Finanzierung aufgrund individueller und der gruppen- oder institutionenbezogenen Ansprüche lässt oft keine gemeinsamen Vorhaben zu, und daraus ergeben sich Hindernisse für pädagogisch sinnvolle Unterstützungsmodelle. Dies erschwert auch die Bildung gemeinsamer Finanztöpfe.

Ergebnis des Projektberichtes war die Ausarbeitung einer «Musterkonzeption für ein bezirkliches Rahmenkonzept zur Kooperation von Schule und Jugendhilfe». Hierin sollen sozialraumbezogene Vereinbarungen über Kooperationsprojekte an konkreten Schulen getroffen werden. Es sollen Steuerungsrunden auf verschiedenen Ebenen eingerichtet werden, in denen Bezirksstadträte für Schule und die für Jugend, Vertreter der Schulaufsicht, des Jugendamtes, des Schulausschusses, des Jugendhilfeausschusses, Vertreter des Kinder- und Jugendpsychiatrischen Dienstes, des Kinder- und Jugendgesundheitsdienstes, Schulleiter, die regionalen sozialen Dienste und noch andere beteiligte Akteure vertreten sind.

Die Umsetzung des Bildungs- und Teilhabepaketes, das 2010 von der Bundesregierung beschlossen wurde, greift in diesen Prozess ebenfalls ein.

In Berlin ist die Ausarbeitung von Vorgaben auf Landesebene schon gut entwickelt, die Umsetzung vor Ort erfolgt allerdings häufig noch nicht linear. Laut Anke Otto, ehemalige Stadträtin für Jugend und Schule im Bezirk Steglitz-Zehlendorf, dauert es lange, bis sich die verschiedenen Akteure verständigen können. Ärztinnen und Ärzte haben nicht nur einen anderen Sprachgebrauch als Sozialpädagog/innen und Schulpsycholog/innen, ihre Tätigkeit folgt auch anderen Logiken. In Steglitz-Zehlendorf läuft ein Pilotprojekt, das die Kooperation insbesondere von Jugendhilfe und Jugendpsychiatrie befördern soll. Zudem erweist sich auch als Problem, dass die Vertreter/innen in den Steuerungsrunden unterschiedliche Entscheidungskompetenz haben, je nachdem ob sie politische oder Verwaltungsbeamte sind.

In ihrer Wirkung sind am ehesten die Schulstationen, dies sind Anlaufstellen für Kinder mit Schwierigkeiten, zu beurteilen. Hier stehen je 1,5 Sozialarbeiterstellen zur Verfügung. Diese Einrichtungen haben die Zusammenarbeit von Jugendhilfe und Schule in diesem Bereich erheblich verbessert. Die Schulstationen haben sich in der Zwischenzeit etabliert und haben die Abstimmung von pädagogischen Fördermaßnahmen und Hilfen zur Erziehung für einzelne Kinder sehr verbessert.

Schulhilfekonferenzen führen bei aktuellen Problemfällen Jugendamt, Schulpsychologie, Lehrkräfte, Gesundheitsamt und ggf. die Schulaufsicht zusammen. Dafür werden derzeit auf bezirklicher Ebene Standards entwickelt, die vereinheitlichen sollen, in welchen Fällen mit welcher Zusammensetzung und mit welchem Ablauf dieses Gremium tagt.

Die Kooperation zwischen Schulen und Eltern ist noch deutlich entwicklungsbedürftig. Auch die Übergänge zwischen Kita und Schule wie die zwischen Grundschule und weiterführenden Schulen müssten noch besser bearbeitet werden.

Die finanziellen Mittel werden bei allen Kooperationsbestrebungen noch getrennt nach Ressorts bewirtschaftet.

Es scheint noch ein langer Weg bis zur Bildung von Verantwortungsgemeinschaften, die von den Akteuren bewusst als solche wahrgenommen werden.

Friedrichshain-Kreuzberg

Der Bericht basiert auf einem Gespräch mit der zuständigen Stadträtin für Schule und Jugend, Monika Herrmann, sowie schriftlichen Materialien des Bezirks.

Der Bezirk Kreuzberg arbeitet seit fünf Jahren daran, die Kooperation der Einrichtungen Jugendamt, Schule und Gesundheitsamt in einer Bildungslandschaft zu verbessern. Dabei ist die Werkstatt «Integration durch Bildung» entstanden, in der Schule, Jugendamt und die Regionale Arbeitsstelle für Integration und Bildung (RAA) kooperieren. Im Bezirk Friedrichshain-Kreuzberg gibt es insgesamt acht regionale Bildungsnetzwerke, wie z.B. den Wrangel-Kiez. Darin sollen Kitas, Familienzentren und Schulen mit Unterstützung des Quartiersmanagements zusammenarbeiten. Ob es gelingt, zu anderen Einrichtungen Kontakte zu knüpfen und Kooperationen aufzubauen, hängt wesentlich von der persönlichen Bereitschaft der Schulleitungen und der personellen Zusammensetzung bei den Partnern ab. Im Wrangel-Kiez haben sich Schulleiterin und freie Träger (z.B. das Fortbildungsinstitut für Pädagogische Praxis, FIPP und die «Alte Feuerwache») gut ergänzt. Das Rahmenkonzept der Senatsbildungsverwaltung für die bezirkliche Kooperation hat den Schwachpunkt, dass die Einrichtungen sehr unterschiedliche Möglichkeiten haben, Ressourcen in die Kooperation einzubringen. Schulen können fast nur Räume stellen, denn sie verfügen über wenig Geld. Der Bezirk hat zur Verbesserung der Kooperation im April eine Fachtagung durchgeführt, die gut besucht war, u.a. von allen Schulen.

Auf der Tagung wurden folgende Ziele vorgestellt, die mit regionalen Bildungslandschaften erreicht werden sollen: «Vorgeschlagen werden: Vereinbarungen zwischen Schule und Jugendhilfe mit folgendem Inhalt:
- Maßnahmen für einzelne Schüler werden gemeinsam mit klaren Zeitschienen festgelegt.
- Hilfen sind so flexibel zu gestalten, dass das Kind im Mittelpunkt steht.
- Es muss dazu transparente Strukturen der Zusammenarbeit geben.
- Ein gemeinsamer finanzieller Topf wäre notwendig.
- Hilfen müssen mit gemeinsamen personellen (multiprofessionellen) Ressourcen gestaltet werden.

- Multiprofessionelle Arbeit muss frühestmöglich unter Einbindung von Eltern, Kinderärzten, Therapeuten, Jugendhilfe an einem Ort stattfinden.
- Die Planung weiterer «Übergangs»-Projekte (Übergang bis zu Lösungen im Schulsystem) muss auf der Basis systematischer Bedarfserhebungen erfolgen.
- Hilfen sollten am Ort Schule erfolgen.»

So der Bericht zur Fachtagung Bildungslandschaften Friedrichshain-Kreuzberg am 8. 4. 2011.

Laut Monika Herrmann erweist es sich als hilfreich, wenn vor allem über gemeinsame Ziele und nicht nur über Geld geredet wird. Das Leitbild für die Region ist «Inklusion»; alle Kinder in der Region sollen gleiche Chancen haben.

Es ist eine Steuerungsgruppe eingerichtet worden, in der Schulleiter/innen, das Jugendamt, freie Träger sowie das Schulamt vertreten sind.

Hindernisse für die Kooperation sind Ämterzuständigkeiten, z.B. sind der Kinder- und Jugendpsychiatrische Dienst (KJPD) beim Gesundheitsamt angesiedelt, die Familienhebammen beim Jugendamt. Hinderlich sind auch unterschiedliche Zeiträume für Finanzplanung (Haushaltsjahr vs. Schuljahr) und auch die unterschiedliche Sprache der Akteure. Es ist im Bezirk gelungen, Grundschulen jeweils einen festen Kontakt im Jugendamt zu geben. Grundschulen und Ansprechpartner/innen treffen sich regelmäßig. Im Oberschulbereich ist dies erheblich schwieriger.

Es gibt Datenschutzregelungen, die die Weitergabe von Informationen, z.B. des Sprachlernbuches von der Kita in die Grundschule behindern.

Der Bezirk bekommt auch nicht die Ergebnisse der Sprachtests für Vierjährige von der Senatsverwaltung zur Verfügung gestellt. Geschähe dies, wäre der Förderbedarf für die Kitas leichter zu identifizieren.

Der Bezirk arbeitet mit einer Sozialarbeiterin, die für die Schulschwänzer/innen zuständig ist. Es soll bereits von der Kita an beobachtet werden, wo hohe Fehlzeiten auftauchen und dort auf die Eltern eingewirkt werden. Frau Herrmann sieht einen Erfolg der Arbeit darin, dass im letzten Jahr nur noch 117 Schulschwänzer/innen gemeldet wurden.

Die Arbeit der Stadtteilmütter, angesiedelt beim Fachdienst «frühe Bildung und Erziehung» (von 0-12 Jahre), macht sich für den Kitabesuch wie auch beim Schuleingang positiv bemerkbar. Sie versuchen z.B. mit Elterncafés mehr Eltern zu erreichen. Allerdings zieht das Jugendamt sie noch nicht oft genug zur Beratung hinzu.

Der Bezirk versucht, die Kooperation der Einrichtungen in Strukturen abzusichern, z.B. in den regionalen Bildungsnetzen. Die Bildungsnetzwerke, u.a. die um die Nürtingen-Grundschule wie auch die Kurt-Schumacher-Grundschule mit der Zusammenarbeit mit dem Quartiersmanagement und den Stadtteilmüttern, sollen schon sichtbare Erfolge zeigen. Allerdings ist es immer noch schwer, die Entwicklung des einzelnen Kindes in den Mittelpunkt zu stellen.

Für die Einzelfälle werden durch die Schulen entweder Hilfe- oder Helferkonferenzen einberufen. Diese umfassen Vertreter/innen von Jugendamt, Schule und je nach Fall KJPD. Bei der Hilfekonferenz sind die Eltern dabei, bei der Helferkonferenz nicht. Es wäre sinnvoll, diese Konferenzen hinsichtlich der Anlässe und der Teilnehmer/innen zu standardisieren (siehe Vorschlag Steglitz-Zehlendorf).

Die Fälle von «nicht beschulbaren» Kindern nehmen laut Schulpsycholog/innen und KJPD zu, teilweise auch durch den Zuzug von kriegstraumatisierten Kindern und Jugendlichen.

Für die Kooperation zwischen Jugendamt (dem sozialpädagogischen Dienst) und der Schule eher hinderlich sind unterschiedliche Logiken, die der Arbeit zugrunde liegen. Das Problem ist nicht mangelnde finanzielle Ausstattung, sondern fehlende Wirkungskontrolle. Das Gesundheitsamt agiert häufig an den anderen Ämtern vorbei. So werden Maßnahmen zum gesunden Essen häufig nicht mit den anderen Ressorts abgestimmt. Ebenfalls hinderlich – laut M. Herrmann – sind Parallelstrukturen, z.B. werden die Sozialarbeitsstellen, die durch das Bildungspaket finanziert werden, nicht in Absprache mit dem Bezirk besetzt.

Zur Förderung der Kooperation wäre eine sozialräumliche Zuteilung und Bewirtschaftung von Ressourcen zu überlegen. Dann könnte mehr darauf geachtet werden, ob sich die Zuteilung an dem Leitbild für die Region orientiert.

Zusammengefasst kann festgehalten werden, dass sowohl durch die Initiative des Senats wie des Bezirks versucht wird, die zuständigen Stellen durch geänderte Gremienstrukturen in eine bessere Kooperation zu bringen. Dieser Ansatz bleibt aber im Wesentlichen auf den Leitungsebenen stecken. Es ist eine noch zu bearbeitende Aufgabe, Strukturen zur Verbesserung der Kooperation so zu gestalten, dass sich die Haltung der Akteure vor Ort – derjenigen, die unmittelbar mit den Kindern arbeiten – ändert. Leider ist bei den Beteiligten nach wie vor das Muster zu beobachten – auch auf besagter Fachtagung –, jeweils Forderungen an das Verhalten anderer zu stellen, aber wenig Bereitschaft zu zeigen, das eigene Verhalten zu ändern.

Reinickendorf

Der Bericht basiert auf einem Gespräch mit dem Leiter des Kinder- und Jugendpsychiatrischen Dienstes (KJPD), Christoph Pewesin.

Der Bezirk Reinickendorf arbeitet bereits seit zwei Jahren daran, die Dienste und Einrichtungen, die mit Kindern arbeiten, zu vernetzen und zu einer besseren Kooperation zu bringen.

Für die Kooperation sind folgende Gremien vorgesehen:

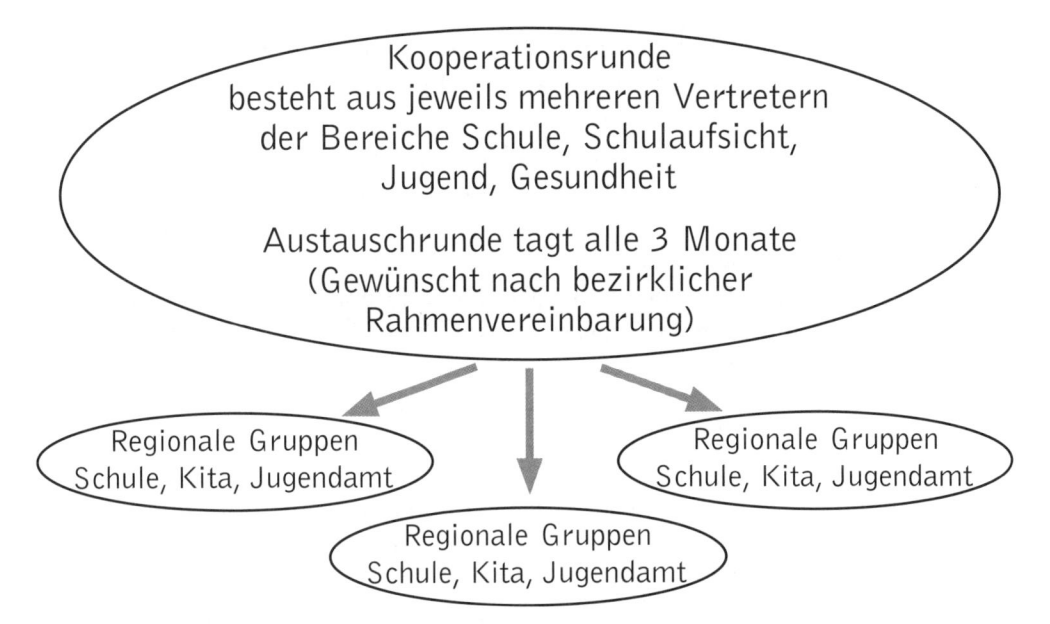

Kooperationsrunde
besteht aus jeweils mehreren Vertretern der Bereiche Schule, Schulaufsicht, Jugend, Gesundheit

Austauschrunde tagt alle 3 Monate (Gewünscht nach bezirklicher Rahmenvereinbarung)

- Regionale Gruppen Schule, Kita, Jugendamt
- Regionale Gruppen Schule, Kita, Jugendamt
- Regionale Gruppen Schule, Kita, Jugendamt

Die Zuständigkeit des Kinder- und Jugend-Gesundheitsdienstes war früher dezentral geregelt und damit für Kitas und Schulen leichter zugänglich. Es gab Sozialarbeiter/innen für die regionalen Kitas und Schulen im Umfeld. Die Zentralisierung erweist sich heute als Hindernis für die Kooperation, und die neuen Steuerungs- und Kooperationsformen sollen dies ausgleichen.

Das Ziel der Inklusion beispielsweise macht es notwendig, dass die Einrichtungen besser zusammenarbeiten. Der Anteil von Kindern mit dem entsprechenden Förderbedarf steigt ständig an, die anstehende Schließung von bisher dafür zuständigen Einrichtungen (Förderzentren) erzeugt Druck auf Schule und Jugendeinrichtungen. Dafür müssen Schulen noch besser vorbereitet werden.

Die oben genannten temporären Arbeitsgruppen sollen aktuell auftauchende Probleme bearbeiten und Lösungsvorschläge machen. Eine temporäre Arbeitsgruppe sollte z.B. Vorschläge für den Umgang mit Kindern mit emotional-sozialem Förderbedarf («em-soz») im Grundschulbereich erarbeiten. Kinder mit «em-soz» Förderbedarf (auch anderem) werden in der Schule vor allem als Störer wahrgenommen und es wird versucht, sie abzuschieben. Es gibt wenig Akzeptanz dafür, den Kindern mit ihren Problemen zu helfen. Für die Arbeit mit diesen Kindern gibt es Modelle, z.B. ETEP (Entwicklungstherapie/Entwicklungspädagogik), wofür Fortbildung angeboten wird. Ein weiterer Vorschlag ist die Einrichtung von Übergangsklassen, die von Kindern temporär besucht werden, aber immer mit dem Ziel, in die Ursprungsklasse zurückzukehren. Eine Reinickendorfer Grundschule arbeitet modellhaft mit einer pädagogischen Gruppe für diese Kinder. Hilfreich wäre es, mehr sonderpädagogisches und sozialpädagogisches Personal in den Schulen zu haben, da dieses eher den Blick auf die einzelnen Kinder richtet.

Um Problemfamilien oder Kinder mit besonderem Unterstützungsbedarf frühzeitig identifizieren zu können, wäre es hilfreich, wenn schon die Kitas frühzeitig den Kontakt zu den anderen zuständigen Diensten aufnehmen würden. In dieser Altersphase gibt es noch wenig Meldungen an den Kinder- und Jugendpsychiatrischen Dienst, eher an den Kinder- und Jugendgesundheitsdienst oder an Sozialpädagogische Zentren. Gründe dafür können die Überlastung von Erzieher/innen sein oder der Sachverhalt, dass die Kitaleitungen nicht mehr den früheren Umfang der Freistellungen für Elternberatungen haben. Die Zusammenarbeit mit den Eltern ist verbesserungsbedürftig. Da das Hilfeersuchen an den Kinder- und Jugendpsychiatrischen Dienst durch die Eltern freiwillig ist, wäre es hilfreich, wenn diese von den Bildungseinrichtungen rechtzeitig darauf angesprochen würden. Die mangelnde Kooperation mit den Eltern führt hier zu Defiziten.

Durch die Sprachtests bei Vierjährigen können Probleme frühzeitig identifiziert werden. Die Stelle der Sprachberatung führt Fortbildungen für Erzieher durch. Allerdings ist die Fortbildungsbereitschaft von Erzieher/innen – so C. Pewesin – etwas gesunken, da in den letzten Jahren mit der Einführung der Bildungspläne sehr viel Fortbildung angeboten und abgefordert wurde.

Im Grundschulalter steht bei auftauchenden Schwierigkeiten mit einzelnen Kindern als Maßnahme die Meldung entweder an das Jugendamt oder den KJPD an. Die Schule kann die Schulhilfekonferenz einberufen, die dann Maßnahmen abspricht. Die Fachdienste werden im Einzelfall einbezogen. Die Zusammensetzung und der Anlass für diese Konferenzen sind nicht standardisiert.

Die Verteilung der Dienste zwischen Jugendamt, Gesundheitsamt und Schule könnte optimiert werden, sie ist aber auch traditionell gewachsen. So werden offensichtlich Gesundheitsamt und -dienste von der Bevölkerung manchmal leichter angenommen als das Jugendamt. Der Bereich des Kinderschutzes ist neu als gemeinsame Aufgabe von Gesundheitsamt und Jugendamt entstanden und erleichtert die Kooperation.

Ein Netz der Akteure, wie es dies für Kinder im Grundschulalter gibt, wäre auch im Vorschulalter sinnvoll.

Die Zusammenarbeit zwischen Schulen und Jugendamt ist nach wie vor verbesserungsbedürftig. Sozialarbeiter/innen und Sonderpädagog/innen erkennen eher die Schwierigkeiten der einzelnen Kinder, Lehrkräfte orientieren sich mehr am Lernstoff, an der ganzen Klasse. In der Grundschule funktioniert der Blick auf einzelne Kinder noch besser als in der Oberschule.

Bei allen Kooperations- und Koordinierungsgremien bleibt die Frage, wie die Haltungen der Akteure vor Ort, in den Kitas und Schulen, in den Jugendämtern und den anderen Diensten, zu beeinflussen und zu ändern sind. Insbesondere ist es wichtig, dass Kinder mit psychischen Auffälligkeiten und Verhaltensauffälligkeiten («em-soz-Kinder») als Teil der Schülerschaft nicht diskriminiert und abgeschoben werden.

Als hilfreich hat sich z.B. eine Fachtagung erwiesen, in denen Schulleiter/innen mit den Fachdiensten zusammen getagt haben, um mehr Verständnis für die besondere Problemlage der «em-soz»-Kinder zu bekommen und gemeinsam über Unterstützungsmodelle zu sprechen. Es wurden Tandems aus Schulen gebildet, in denen einige schon gut mit bestimmten Problemen umgehen konnten und andere davon lernten – unter Beratung durch Fachleute. Solche horizontalen Kommunikationsstrukturen sollten weiter gefördert werden.

Möglicherweise wäre es auch sinnvoll, die Ressourcenbewirtschaftung teilweise auf Sozialräume und Projekte zu beziehen. Wichtig ist, Ressourcen aus den Jugendämtern mit denen für Schulen zu gemeinsamen Projekten zu bündeln.

Beispiel Paderborn

Die Berichte basieren auf Gesprächen mit Gabriele Mikus, Leiterin des Bildungsbüros Kind & Ko, Paderborn, und mit Oliver Vorndran, Leiter des Bildungsbüros auf Kreisebene.

In Paderborn gibt es auf Kreisebene ein Bildungsbüro und auf kommunaler Ebene ein Büro «Kind & Ko». Die beiden Bildungsbüros in Paderborn, das auf Kreis- und das auf kommunaler Ebene, unterscheiden sich dadurch, dass das Büro auf kommunaler Ebene früher, nämlich 2004 aus der gemeinsamen Initiative der Stadt mit der Bertelsmann-Stiftung und der Heinz-Nixdorf-Stiftung entstanden ist und sich in der Arbeit auf den frühkindlichen Bereich, also Kinder im Alter von 0-10 Jahren, bezieht. Das Bildungsbüro auf Kreisebene ist aus der Landesinitiative zur Errichtung von Bildungslandschaften entstanden und legt für die Stadt Paderborn den Schwerpunkt auf die Lebensjahre ab zehn. Das regionale Bildungsbüro arbeitet ansonsten auf Stadt und Kreisebene.

Bildungsbüro Kind & Ko, Paderborn

Das Projekt hat drei Schwerpunkte:

«1. Die Verbesserung der Zusammenarbeit zwischen Eltern und Profis
Kind & Ko möchte,
    ... dass Eltern in der Phase vor und unmittelbar nach der Geburt vielfältige Informationen, Austausch und Beratung finden, damit sie ihre Verantwortung kreativ gestalten können.
    ... dass Eltern während ihr Kind heranwächst viele Ansprechpartner/innen an ihrer Seite wissen, die sie in ihrer Kompetenz respektieren und stärken.
    ... dass Kindertageseinrichtungen auch ein Haus für Familien sind, um sich mit anderen Familien zu treffen und zu Themen «rund um das Kind» auszutauschen.
    ... dass der Einfluss von Eltern als Experten ihrer Kinder in der Kommune gestärkt wird.

2. Die Stärkung von Kindertageseinrichtungen als Bildungsinstitution
Kind & Ko möchte,

... dass Kinder in Kindertageseinrichtungen orientiert an ihren Stärken und Möglichkeiten vielfältig und individuell gefördert werden.

... dass Erzieherinnen sensibel die vielen Entwicklungs- und Bildungsprozesse von Kindern wahrnehmen und sich in der Weiterentwicklung spannender Lebens- und Erfahrungsräume für Kinder qualifizieren.

3. Professions- und institutionenübergreifende Kooperationen rund um das Kind
Kind & Ko möchte,

... dass der Austausch zur frühkindlichen Bildung zwischen allen Akteuren «rund um das Kind» in der Kommune gestärkt wird und zu einem Klima des gegenseitigen Verstehens beiträgt, unter anderem zwischen Erzieher/innen, Grundschullehrer/innen, Hebammen, Kinderärzt/innen und anderen Fachkräften.

... dass sich die Akteure «rund um das Kind» miteinander vernetzen, um die Entwicklungs- und Bildungswege der Kinder präventiv, nachhaltig und kontinuierlich begleiten und unterstützen zu können.»[9]

Um diese Ziele zu erreichen, wird folgendermaßen gearbeitet: Die Stadt Paderborn ist in vier Sozialbezirke untergliedert. Die Zuständigkeit der Sachbearbeiter/innen in den Ressorts ist an diesen Bezirken orientiert, so dass die Ansprechpartner/innen jeweils konstant sind und sich jeweils kennen. Das Bildungsbüro Kind & Ko ist dem Jugendamt zugeordnet. Die Ressortzuständigkeiten werden durch das Büro nicht tangiert. In der Steuergruppe sind unterschiedliche Ressorts wie Bildung, Soziales, Gesundheit, Kinder- und Jugendhilfe und Schule eingebunden, und die Absprache von Maßnahmen klappt auf dieser Ebene gut. Die Mittel werden von den Ressorts getrennt bewirtschaftet.

Das Bildungsbüro verfügt neben dem Personal über ein eigenes Budget.

Das Bildungsbüro will die Arbeit aller Akteure in der Bildungsbiografie der Kinder vernetzen und dadurch die Bildungs-und Entwicklungschancen von allen Kindern in der Stadt verbessern. Sein Schwerpunkt liegt nicht auf den Problemgruppen, sondern es will Stärken stärken. Hierdurch werden wiederum die Maßnahmen für Problemfälle verbessert.

In der frühen Phase nach der Geburt liegt der Schwerpunkt darauf, Familienhebammen zu den Familien oder Frauen zu schicken, die einen Bedarf an besonderer Unterstützung haben. Die Familienhebammen arbeiten auf Honorarbasis und sind erfahrene Ansprechpartnerinnen für Familien. Von Hebammen kommen Hinweise darauf, wo Familienhebammen gebraucht werden könnten. Sie werden in der Regel von den Beteiligten gut akzeptiert und als Hilfestellung angenommen. Es gibt derzeit vier Familienhebammen, gewünscht sind sechs.

---

9   http://www.paderborn.de/microsite/kindundko/bildungsbuero/index.php?p=1, Stand 9. November 2011.

Vom Bildungsbüro wird ein «Mamatreff» angeboten. Dies sind Kurse für jeweils acht Mütter, durchgeführt von einer eigenen Kursleiterin, derzeit eine Sozialarbeiterin, die von einer Familienhebamme, vom DRK, von der Paderborner Tafel und von einer Kinderärztin unterstützt wird.

In den vier Sozialbezirken gibt es noch je eine Kinderschutzfachkraft, die mit den Familienhebammen zusammenarbeitet. Die Familienhebammen und Kinderschutzfachkräfte bilden einen Arbeitskreis, der sich regelmäßig zum Austausch trifft.

Es gibt eine Einrichtung «Erfahrungswissen für Initiativen» (EfI), mit der das Ehrenamt in Paderborn gefördert werden soll. Hier werden Ehrenamtliche dafür geschult, Projekte zu organisieren. Es gibt, koordiniert von zwei Personen, einen Kreis von 80 Ehrenamtlichen, die als «Zeitspender» für Familien mit Bedarf zur Verfügung stehen.

Das Begrüßungsteam KOSIAN ist auch eine ehrenamtliche Initiative, die vom Bildungsbüro zur Begrüßung von Neugeburten und neu hinzugezogenen Familien mit Kindern bis zu sechs Jahren eingesetzt wird. Auch dieser Dienst ist dazu geeignet, frühzeitig Unterstützungsbedarf zu identifizieren.

Notwendige Informationen werden bei Verdacht auf Kindeswohlgefährdung anonym ans Jugendamt bzw. den ASD weitergegeben.

In Kindertageseinrichtungen der Stadt Paderborn ist gerade ein Handlungsplan zum Kinderschutz erarbeitet worden, der von allen Einrichtungen angewandt werden wird

In der Kitaphase ist die Kooperation von Kitas, d.h. Erzieher/innen und Eltern, ein Schwerpunkt. Die Einführung von Bildungs- und Lernberichten war dafür ein wirkungsvolles Instrument. Dieses Beobachtungs- und Dokumentationsverfahren ist in mehreren Fachforen diskutiert worden, an denen ca. 100 Personen beteiligt waren – sowohl Erzieher/innen, Lehrkräfte, Fachberater/innen, Ärztinnen und Ärzte und Eltern. Mit diesem Verfahren wird nun fast flächendeckend in den Kitas gearbeitet. Die «Lerngeschichten» sind bewusst stärkenorientiert. Sie werden mit den Eltern gemeinsam ausgetauscht und es werden weitere Schritte überlegt. Falls gewünscht, geben Eltern dies Portfolio auch an die aufnehmende Grundschule weiter. Zum Geburtstag der Kinder wird jeweils die Entwicklung besprochen.

Um die Kooperation mit den Eltern im Sinne von Erziehungspartnerschaften zu verbessern, werden gemeinsame Workshops mit Eltern, Erzieher/innen und Lehrkräften durchgeführt. Es werden auch Fortbildungen gezielt für Eltern mit Kommunikationstraining oder zum dialogischen Gespräch angeboten.

Die Einrichtung von PEKS (Partnerschaft Eltern, Kita, Schule) soll die Kooperation ebenfalls fördern.

Zur Erleichterung des Übergangs von der Kita in die Grundschule können Erzieher/innen zum Elternsprechtag mit hinzugezogen werden.

Eltern haben einen hohen Beratungsbedarf. Dies wird auch dadurch deutlich, dass vierhundert Eltern beim Bildungsbüro ihre Kontaktdaten hinterlegt haben, damit sie regelmäßig über Veranstaltungen und andere Aktivitäten informiert werden.

Die Struktur des Bildungsbüros Kind & Ko zeigt das folgende Schaubild:

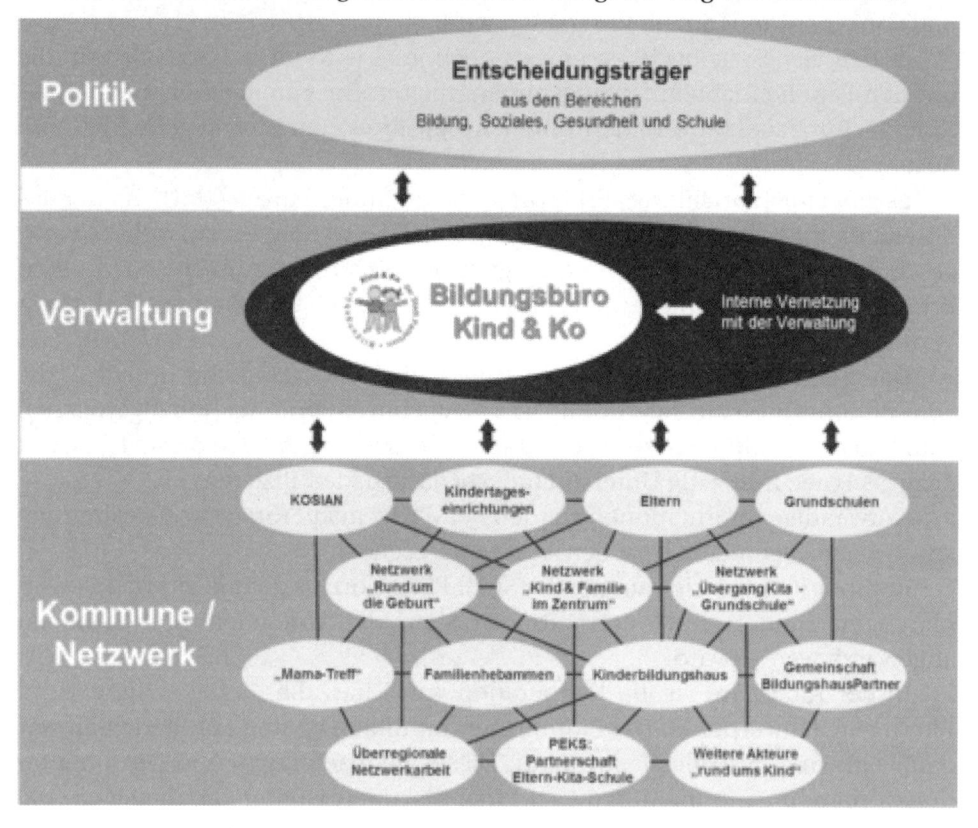

[Schaubild: Struktur des Bildungsbüros Kind & Ko mit drei Ebenen – Politik (Entscheidungsträger aus den Bereichen Bildung, Soziales, Gesundheit und Schule), Verwaltung (Bildungsbüro Kind & Ko, Interne Vernetzung mit der Verwaltung) und Kommune/Netzwerk (KOSIAN, Kindertageseinrichtungen, Eltern, Grundschulen, Netzwerk „Rund um die Geburt", Netzwerk „Kind & Familie im Zentrum", Netzwerk „Übergang Kita – Grundschule", „Mama-Treff", Familienhebammen, Kinderbildungshaus, Gemeinschaft BildungshausPartner, Überregionale Netzwerkarbeit, PEKS: Partnerschaft Eltern-Kita-Schule, Weitere Akteure „rund ums Kind")]

Quelle: www.paderborn.de

Unabhängig vom Bildungsbüro gibt es auf der regionalen Ebene Konferenzen von allen Kitas und Schulen, die Sprecher/innen gewählt haben. Einmal im Jahr gibt es Veranstaltungen dieser Sprecher/innen zur Gestaltung der Übergänge zwischen Kita und Schule.

Große Hoffnung wird auf das Modellprojekt «Kinderbildungshaus» gesetzt. Dies ist ein Verbund von jeweils einer Grundschule und zwei Kitas und soll sowohl die Kooperation mit den Eltern wie auch die Übergänge erheblich erleichtern.

Als die Modellphase des Bildungsbüros 2007 ausgelaufen war, hatte sich das Büro bereits so etabliert, dass die Stadt dauerhaft die Verantwortung dafür übernahm. Die Veranstaltungen des Büros werden stark nachgefragt und die informierenden und unterstützenden Broschüren gut genutzt.

Nach sieben Jahren kann über die Arbeit des Bildungsbüros gesagt werden, dass es von den beteiligten Einrichtungen, Kitas und Schulen wie vor allem auch den Eltern als Anlaufstelle genutzt und akzeptiert ist.

Das Bildungsbüro Paderborn auf Kreisebene

Die Bildungsregion mit dem Bildungsbüro auf Kreisebene ist im Rahmen der Initiative des Landes NRW zur Gründung von regionalen Bildungsnetzwerken entstanden. Die Aufgabe des Bildungsbüros ist es, auf Kreisebene eine regionale Bildungslandschaft aufzubauen, damit Brüche in den Bildungsbiografien von Kindern und Jugendlichen möglichst vermieden werden. Dazu ist im Februar 2009 eine Kooperationsvereinbarung zwischen zehn Gemeinden und der Bezirksregierung Detmold geschlossen worden. Eine weitere Kooperationsvereinbarung mit dem gleichen Ziel und der Zusicherung weiterer Ressourcen wurde zwischen dem Kreis Paderborn und dem Ministerium für Schule und Weiterbildung geschlossen.

«Die Beteiligten wollen aus der Perspektive der Kinder und Jugendlichen eine systematische Kooperation schaffen, die eine bruchlose Bildungsbiografie unterstützt. Grundlage der Bildungsregion ist eine staatlich-kommunale Verantwortungsgemeinschaft der Kommunen und des Kreises, der Bezirksregierung Detmold und des Landes NRW.

Die Steuerung der Bildungsregion übernimmt der Lenkungskreis, der sich 2-3 mal im Jahr trifft. Das Leitungsteam koordiniert monatlich die Aktivitäten, es ist Auftraggeber des Bildungsbüros. Das Bildungsbüro ist Ansprechpartner für alle Beteiligten, es ist für die Planung und Umsetzung der Aktivitäten verantwortlich. Die Arbeitskreise der Schulformvertreter und der Schulträger unterstützen die Arbeit der Bildungsregion.

Das Bildungsbüro informiert die Schulen bei Bedarf auch im Schulleitungsforum oder in den Schulleiterdienstbesprechungen. Es informiert die Leiterinnen der Kindertagesstätten bei Bedarf in den Leitungskonferenzen und in den Treffen der Fachberaterinnen.»[10]

Der Lenkungskreis ist das oberste Gremium der Bildungsregion und steuert die Aktivitäten. Er trifft sich zwei- bis dreimal jährlich. Dem Lenkungskreis gehören ein zuständiger Landrat, die Bürgermeister/innen von zwei Kommunen des Kreises, ein/e Beigeordnete/r, die Amtsleiter/innen für Schule des Kreises und der Stadt, der/die Abteilungsleiter/in für Schule der Bezirksregierung, der zuständige Schulaufsichtsbeamte der Bezirksregierung und die Leitung sowie die Geschäftsführung des Bildungsbüros an.

Das Leitungsteam koordiniert monatlich die Aktivitäten in der Bildungsregion, es ist Auftraggeber des Bildungsbüros. Dieses Team besteht aus der Leitung des Amts für Schule im Kreis Paderborn und der Schulverwaltung der Stadt Paderborn, dem/der ständigen Vertreter/in des/der Bürgermeister/in der Stadt Lichtenau, dem/der Schulamtsdirektor/in des Schulamtes Paderborn, dem/der Leiter/in des Jugendamtes der Stadt Paderborn, des Jugendamtes des Kreises Paderborn, des Bildungsbüros und dem/der Geschäftsführer/in. Dem

---

10 http://www.kreis-paderborn.org/bildungsbuero/steuerung_gremien/index.php, Stand 9.11.11.

Leitungsteam gehören noch drei vom Arbeitskreis der Schulformvertreter/innen gewählte Schulleiter/innen an.

Das Bildungsbüro übernimmt keine Kompetenzen der verschiedenen Ressorts oder Einrichtungen und will auch nicht ersatzweise agieren. Es kann nur beraten und Prozesse mit gezielten Programmen unterstützen. Für eigene Projekte stehen dem Bildungsbüro 60 Tausend Euro zur Verfügung, für den Übergang Schule-Beruf zusätzlich 340 Tsd. Bei den Sachmitteln handelt es sich ausschließlich um Mittel des Kreises. Der Kreis stellt über die Kreisumlage 2,65 Stellen für die Ausstattung des Bildungsbüros zur Verfügung, die Bezirksregierung eine Stelle und das MSW eine Stelle.

Die wesentliche Möglichkeit, Einfluss auf die verschiedenen Akteure zu nehmen, besteht in der Koordinierung der Arbeit und der Erarbeitung gemeinsamer Ziele und deren verbindlicher Vereinbarung. Für die Koordination gibt es Gremien wie z.B. den Arbeitskreis von Schulformvertretern oder einen Arbeitskreis der öffentlichen und privaten Schulträger, den es in dieser Form zuvor nicht gab.

Die Rolle des Bildungsbüros besteht vor allem darin, Gremien dazu zu bringen «miteinander zu reden». Die Beteiligten bezeichnen dies als Hauptvorteil und berichten z. B. aus dem Arbeitskreis (AK) der Schulformvertreter/innen über stärkere gegenseitige Wertschätzung. Für diesen AK bildet offensichtlich die horizontale Kommunikation bessere Kooperationsstrukturen heraus als die hierarchische.

Das Bildungsbüro kann eigene Programme entwickeln: z.B. das Projekt «Mit Sprache Brücken bauen» wie auch zur Förderung der mathematisch-naturwissenschaftlicher Bildung.

Diese Programme arbeiten auf verschiedenen Ebenen:
1. Erzieher – Kind – Eltern oder Lehrkräfte – Kind – Eltern;
2. Kita oder Schule, d.h. auf der Ebene der gesamten Einrichtung; diese Ebene ist schwierig und erfordert Transformationsprozesse;
3. auf Ebene des lokalen Netzwerkes;
4. auf Ebene des Kreises.

Aufgabe des Bildungsbüros ist es, dafür zu sorgen, dass vereinbarte Ziele verbindlich von der vierten bis in die erste Ebene hinunter umgesetzt werden. Kitas und Schulen bilden professionelle Lerngemeinschaften, wozu Organisations- und Personalentwicklung gehören. Das Bildungsbüro moderiert Konferenzen der Beteiligten, die den fachlichen Austausch und die Bildung der professionellen Lerngemeinschaften fördern und einfordern.

Beispiel für die lokale Ebene im Projekt «Mit Sprache Brücken bauen» ist die Arbeit in einem Viertel Paderborns mit hohem Migrantenanteil. Dort haben sich Kitas und Grundschulen auf gemeinsame Wortschatzarbeit verständigt. In einer anderen Region wird ein Schwerpunkt auf «Erzählen» gelegt.

Der AK Schulträger, in dem sowohl Vertreter der öffentlichen wie privaten Schulen zusammen tagen setzt ebenfalls Prozesse in Gang. So ist das Übergangsverfahren von Grundschule zu Sekundarstufe vereinfacht worden. Es wird voneinander gelernt.

Das Thema Inklusion wird die Schulen und alle Beteiligten in den nächsten Jahren sehr beschäftigen. Drei Bürgermeister haben beim Bildungsbüro um Hilfe nachgefragt. Es gab auch von den Leitern der Förderschulen die Bitte zur Unterstützung an das Bildungsbüro, den Prozess im Kreis Paderborn zu koordinieren.

Es gibt – entwickelt vom Deutschen Institut für Internationale Pädagogische Forschung (DIPF) – Indikatoren für die Bildungsberichterstattung der Region. Diese sollen auch der Identifizierung der sog. «Risikogruppe» und vor allem deren besserer Förderung dienen. Die Entwicklung ist zwei Jahre nach der Gründung der Bildungsregion aber noch nicht so weit, dass diese für die Bildungsberichte der Region verwendet würden. Die datengestützte Steuerung steht noch ganz am Anfang.

Das Bildungsbüro auf Kreisebene ist in ein sehr differenziertes Netz von Steuerungs- und Lenkungsebenen eingebunden. Wie weit dieses System wirklich das Handeln der Akteure vor Ort verändert oder es mehr auf der Leitungsebene wirkt, wird noch weiter zu beobachten sein.

Beispiel Leipzig

Der Bericht über die Bildungsregion Leipzig basiert auf Gesprächen mit Dr. Siegfried Haller, Leiter des Jugendamtes Leipzig und Jana Voigt, Projektleiterin «Lernen vor Ort», Leipzig. Die Gespräche bezogen sich auf das Programm «Lernen vor Ort», an dem Leipzig beteiligt ist und auf die Vernetzung mit den kommunalen Ressorts, insbesondere dem Jugendamt und den für Schulen zuständigen Stellen.

«Mit dem Programm «Lernen vor Ort» fördert das Bundesministerium für Bildung und Forschung (BMBF) mit Bundesmitteln und mit Mitteln aus dem Europäischen Sozialfonds (ESF) bis 2012 erstmalig in Deutschland 40 Kommunen darin, ein ganzheitliches Management für das Lernen im Lebenslauf zu entwickeln und umzusetzen.»[11]

Bildungsmanagement

Die Stadt Leipzig will mit dem Programm «Lernen vor Ort» Bildung aus kommunaler Sicht in neuer Verantwortung gestalten. Es soll erstmalig ein fachlich integrativ ausgerichtetes kommunales Bildungsmanagement aufgebaut und auf seine Steuerungseignung hin erprobt werden.

Ausgesprochen vorteilhaft ist in Leipzig, dass die Kommune eine starke Bildungstradition hat. Der Oberbürgermeister kommt selbst aus dem Schulbereich und fördert die Arbeit sehr. In der Bildungskonferenz sind alle wichtigen Akteure der Region vertreten, und sie nehmen dieses Instrument sehr ernst. Die Einrichtung der bildungspolitischen Stunde hat zu einer guten Anbindung an die politische Ebene gesorgt.

---

11 http://www.leipzig.de/de/buerger/bildung/lernenvorort/, Stand 11.11.11.

Die Kommune selbst stellt dies so dar: «Die Stadt Leipzig will mit dem Programm «Lernen vor Ort» Bildung aus kommunaler Sicht in neuer Verantwortung gestalten. Es soll erstmalig ein fachlich integrativ ausgerichtetes Bildungsmanagement aufgebaut und auf seine Steuerungseignung hin erprobt werden.

Ziel: Entwicklung eines *Bildungsmanagements*, das aufeinander abgestimmtes Lernen ermöglicht und kommunale Bildungs- und Bildungsberatungsangebote koordiniert, um folgende übergeordnete Leitziele zu erreichen:

Leitziele
1. Transparenz von Bildungsangeboten erhöhen
2. Bildungszugänge und Bildungsübergänge verbessern
3. Angebotsstrukturen stärker an Bedarfen ausrichten
4. inhaltliche und räumliche Angebotslücken identifizieren und schließen
5. Bildungsbeteiligung erhöhen
6. Demokratische Kultur fördern
7. Demografischen Wandel bewältigen
8. Beschäftigungsfähigkeit stabilisieren und stärken

Um eine gelingende lokale Bildungslandschaft aufzubauen, ist es wichtig, dass Bildungspolitik zur «Chefsache» erklärt wird. Oberbürgermeister Burkhard Jung als Leiter der Gemeindeverwaltung und zugleich stimmberechtigter Vorsitzender des Stadtrates ist ein Schlüsselakteur des Projektes und steuert den Gesamtprozess für die Stadt Leipzig. Dadurch erhält das Thema die erforderliche Aufmerksamkeit außerhalb der Verwaltung sowie die erforderliche Durchsetzungskraft innerhalb der Verwaltung.»[12]

Einbezogen werden Bildungsbereiche innerhalb und außerhalb der Stadtverwaltung sowie verschiedene Akteure in den Quartieren. Damit sollen die Netzwerke des «Lernens vor Ort» langfristig gestärkt und die Bildungsbeteiligung deutlich erhöht werden.

«In *sechs Aktionsfeldern* widmen wir uns der nachhaltigen Gestaltung der Bildungslandschaft:

Bildungsmonitoring
Im Dezember 2010 haben wir den ersten Bildungsreport für die Stadt Leipzig veröffentlicht. Dieser indikatorengestützte Strukturbericht berücksichtigt alle Phasen einer Bildungsbiographie.

Bildungsberatung
Die Leipziger Bildungsberatung ist eine zentrale trägerübergreifende Beratungsstelle, die Ihnen den Zugang zu Bildungs-, Weiterbildungs- und Beratungsmöglichkeiten erleichtern soll.

---

12 http://www.leipzig.de/de/buerger/bildung/lernenvorort/17782.shtml, Stand 9.11.11.

Bildungsübergänge
Für den Bildungsweg von Kindern und Jugendlichen und für den Übergang vom Beruf in den Ruhestand entwickeln wir Strategien zur Unterstützung des Einzelnen.

Familienbildung und Elternarbeit
Um die Entwicklungs- und Bildungschancen von Kindern deutlich zu verbessern, wollen wir die Angebote zur Stärkung der Erziehungskompetenz in Leipzig weiterentwickeln.

Demokratie und Kultur
Kulturelle Bildung soll zu einer Basisqualifikation werden. Hierfür gestalten die Leipziger Kultureinrichtungen und Bildungseinrichtungen gemeinsame Konzepte kultureller Bildung für Kinder.

Wirtschaft, Technik, Umwelt, Wissenschaft (WTUW)
Um einem Fachkräftemangel in Leipzig vorzubeugen, wollen wir mehr junge Menschen für naturwissenschaftlich-technische Bildungsgänge interessieren und die berufliche Weiterbildung verbessern.»[13]

Das *Bildungsmanagement* im Projekt «Lernen vor Ort» ist wie folgt gestaltet:

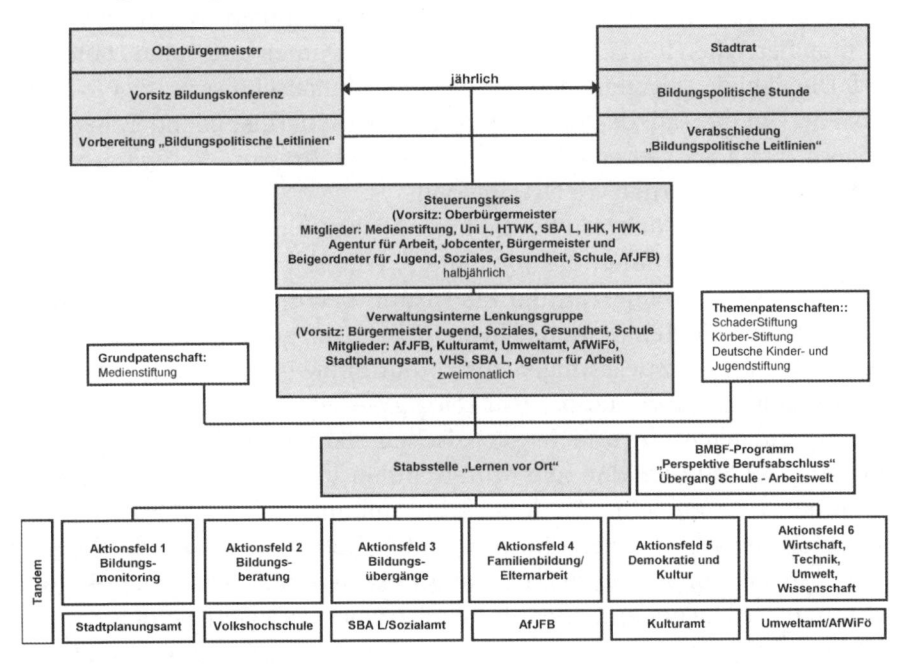

Quelle: Stadt Leipzig, Arbeitspapier

---

[13] http://www.leipzig.de/lernen-vor-ort/, Stand 20.10.2011.

Im Zentrum steht die Stabsstelle, die die Arbeit koordiniert. Mit dem Projekt sind elf zusätzliche Stellen verbunden, ergänzt um zwei, die die Stadt dazu gegeben hat. Die zusätzlichen Stellen sind bei den Aktionsfeldern angesiedelt, die wiederum jeweils einem Amt zugeordnet sind.

Die zusätzlichen Fachkräfte haben jeweils einen Mentor aus dem zuständigen Amt (oder der Leitungsebene) an der Seite.

Der Steuerungskreis ist aus relevanten Bildungsinstitutionen der Stadt zusammengesetzt wie der Universität, der Hochschule für Technik und Wirtschaft, der Sächsischen Bildungsagentur (Schulaufsicht), der IHK und der HWK. Hier ist die Leitungsebene vertreten, Mitglieder in der Lenkungsgruppe sind Vertreter/innen des jeweiligen Amtes.

Wie kaum eine andere Stadt hat sich Leipzig das Ziel gesetzt, ein Bildungsmonitoring als Steuerungsinstrument einzusetzen. Der Bildungsreport Leipzig 2010 ist mit über 350 Seiten ein umfassender Bericht über die Grunddaten der formellen und informellen Bildung in der Stadt. Er wird ausgewertet, und es werden bei erkennbarem Handlungsbedarf entlang der Bildungsbiografie von Kindern und Jugendlichen Maßnahmen beraten und beschlossen. Dazu werden Arbeitsgruppen eingerichtet. Die Maßnahmen im Rahmen des Projektes «Lernen vor Ort» beginnen ab der 5. Klasse, vorher greifen Maßnahmen der regulären Ämter der Stadt.

Beispiele für solche AGs und Maßnahmen sind solche zu Schulverweigerung, Schulabbrecher/innen und zur Zuweisung zu Förderschulen. In den beiden letztgenannten Bereichen hat Leipzig besonders hohe Quoten und daher Handlungsbedarf. Die Zahl der Jugendlichen ohne Hauptschulabschluss beträgt in Leipzig 20 Prozent. Um die Zahl der Schulverweigerung im berufsbildenden Bereich zu verringern, ist für Schüler eine Meldepflicht eingeführt worden. Sie müssen sich bei einer Stelle bei «Lernen vor Ort» melden.

In der AG, die Maßnahmen für die Jugendlichen ohne Schulabschluss berät, sind jeweils Vertreter/innen des Jobcenters, eine der zuständigen Lehrkräfte, der/die Schulsozialarbeiter/in, die Eltern und der/die Jugendliche vertreten. Zwischen den Beteiligten werden Zielvereinbarungen getroffen.

In der AG, die die Zuweisungen zur Förderschule bearbeiten und möglichst reduzieren soll, sind Vertreter der Uni Leipzig, Vertreter der für Kita und Grundschule zuständigen Ämter und der sächsischen Bildungsagentur vertreten.

Bis zum 1.1.2012 werden alle Mittelschulen in Leipzig mit Schulsozialarbeiter/innen versorgt sein. Mit deren Hilfe soll auch die Elternarbeit und die Kooperation zwischen Jugendämtern und Schulen verbessert werden. Die Kooperation soll durch eine Vereinbarung zwischen der sächsischen Bildungsagentur und dem Jugendamt über die Schulsozialarbeit fixiert werden.

Im Steuerungskreis und im Lenkungskreis ist die Erarbeitung von bildungspolitischen Leitlinien noch nicht abgeschlossen. Jedes Amt hat seinen eigenen Fachplan, der in die Arbeit eingespeist wird. Insofern steht die Arbeit im Projekt noch am Anfang und wirkliche Effekte können erst später erwartet werden.

Die bisherigen Erfahrungen im Projekt machen deutlich, dass die derzeitige Struktur mit der Anbindung an die bestehenden Ämter das Denken in Ressorts begünstigt und diese «Versäulung» eher zementiert als aufbricht. Das Projektziel, sich an Verantwortlichkeiten statt an Zuständigkeiten zu orientieren, wird damit nicht gefördert. Für die 2. Förderphase des Projektes «Lernen vor Ort» soll die organisatorische Struktur geändert werden.

Das Bildungsmanagement soll dezentral in den Regionen angesiedelt werden. Mitarbeiter sowohl aus dem Förderprogramm wie aus den Ämtern sollen dann in den Ortsteilen arbeiten, und ein Teil des Budgets soll möglichst regional bewirtschaftet werden können.

In der Bildungskonferenz 2010 wurde in einer Arbeitsgruppe das Ziel der weiteren Arbeit folgendermaßen formuliert: «Bildungsnetze sind Plattformen, mit denen Erfolgsansätze und gute Beispiele multipliziert werden und Unterstützung in Problemlagen bzw. bei Vorhaben eingefordert werden können. In den Quartieren muss ein intelligenteres und vernetztes Management entwickelt werden, um Bemühungen vor Ort effektiv und ressourcenschonend zu unterstützen und zu bündeln. Dies würde auch die Gestaltungskraft der Kommune steigern. Die Bildungsnetze sollten in den Sozialräumen möglichst interdisziplinär, generationenverbindend und generationenübergreifend strukturiert sein und insbesondere auch Einrichtungen außerhalb von Schulen und Kitas einbinden. In den Vernetzungsstrukturen werden für die einzelnen Akteure die Potentiale und Ressourcen des Stadtteils sichtbar und nutzbar. In Bildungsnetzen sollten Erfahrungen ausgetauscht und Perspektivenvielfalt genutzt werden.»[14]

Unterstützend für diese Vernetzung wirkt auch, dass in Leipzig bereits vor einigen Jahren das Amt für Jugend mit dem für Schule zu einem Amt für Bildung zusammen gelegt worden ist. Dies bietet eine gute Voraussetzung für eine abgestimmte Arbeit

Die zusammengeführte Zuständigkeit für Bildung hilft der Kooperation von Jugendhilfeträgern und Schulträger. Die Stadt hat in der Schule z.B. für die Einrichtung von Schulbibliotheken gesorgt, einen Schwerpunkt auf Umweltbildung gelegt und unterhält einen Mädchenchor, der an eine Schule angebunden ist. Die Stadt kann auf diese Weise ihre Zuständigkeit für die äußeren Schulangelegenheiten sehr extensiv auslegen.

Es gibt gemeinsame Dienstkonferenzen von Jugendhilfeträgern und Schulen, Resultat auch davon ist der Einsatz von Schulsozialarbeiter/innen.

Die Zusammenarbeit mit dem Projekt «Lernen vor Ort» ist sehr intensiv. Für die frühe Bildungsphase sind die regulären Stellen zuständig, aber wie oben ausgeführt, besser vernetzt. So gibt es eine Stabsstelle «Frühe Bildung» auf der Verwaltungsebene, die in den Stadtteilen die Eltern- und Familienbildung verbessern will. Als Frühwarnsystem funktioniert die Kommunikation von Erzieher/innen mit Eltern, mit den Trägern und dann gegebenenfalls. mit dem Jugendamt.

---

14 1. Leipziger Bildungskonferenz, 18.10.2010, Dokumentation, S.35, hrsg. von der Stadt Leipzig, Stabsstelle «Lernen vor Ort».

Diese Kooperation soll noch verbessert, und die Kitas sollen zu Familienzentren entwickelt werden.

In den Kitas gibt es bereits seit Jahren frühe Leseförderung, auf den Umgang mit Bilderbüchern und Lust am Lesen wird viel Wert gelegt. Dies macht sich bemerkbar, allerdings ist der Effekt noch nicht bei den Sprachstandsmessungen zur Einschulung sichtbar (was auch an den Tests liegen könnte).

Im Bereich des Übergangs Schule – Beruf unterhält die Stadt eine stationäre Einrichtung für besonders schwierige Jugendliche. Diese Einrichtung will mit sehr klarer Regelsetzung die Jugendlichen dazu befähigen, den Einstieg in Ausbildung und Beruf zu finden.

Siegfried Haller hält die neue Gestaltung des Projektes «Lernen vor Ort» in der 2. Förderphase im Sinne einer Transferphase für sinnvoll und will langfristig das Budget sozialräumlich bewirtschaften.

Beide Gesprächspartner/innen, Siegfried Haller und Jana Voigt, sind sich des Problems bewusst, dass Erfahrungen aus einem zusätzlichen Förderprojekt, das mit seinen Gremien weitgehend auf der Ebene der Ämter und der Leitungen angesiedelt ist, nicht automatisch zu einer dauerhaften Änderung der Haltungen und des Verhaltens der Akteure führt, die unmittelbar mit den Kindern arbeiten. Eine solche Änderung ist aber notwendig, wenn Verantwortungsgemeinschaften oder Bildungslandschaften entlang der Biografie der Kinder entstehen sollen.

Fazit und Empfehlung

Gemessen an den in der Empfehlung der Schulkommission formulierten Erwartungen sind die beschriebenen Bildungslandschaften (vermutlich auch die nicht beschriebenen) in einem Entwicklungsstadium, das noch um einiges von der Vorstellung entfernt ist, dass alle Akteure, die mit dem Aufwachsen von Kindern zu tun haben, miteinander kooperieren oder auch nur von den gegenseitigen Vorstellungen und Zielsetzungen ausreichend Kenntnis haben. Das in dem mittlerweile überstrapazierten Sprichwort erwähnte Dorf, «das es braucht, um ein Kind zu erziehen», ist in den Bildungslandschaften noch nicht erstanden.

Die bisherigen Ansätze versuchen meist, einzelne Akteure – Eltern und Kita oder Eltern und Schule – zu einer besseren Zusammenarbeit zu bringen. Oder – und dies ist wohl der am häufigsten zu beobachtende Ansatz – die Bereiche Jugendhilfe und Kita oder mehr noch Jugendhilfe und Schule sollen ihre Arbeit besser abstimmen und sich rechtzeitig informieren. Hier führt der Weg am besten über feste Ansprechpartner/innen. Diese Erkenntnis gibt es schon lange, aber die Umsetzung vor Ort ist schwierig.

Bei einigen Regionen liegt der Schwerpunkt der Vernetzung bei den formellen Bildungseinrichtungen – beispielsweise werden Schulen in Bildungsverbünden zur Kooperation motiviert, um voneinander zu lernen, oder der Übergang von der Kita in die Grundschule wird in den Fokus genommen. In anderen wird der Kreis der formellen Einrichtungen um Musikschulen, Sportvereine oder Volkshochschulen erweitert. Der Übergang von der Schule in die Ausbildung wird ebenfalls häufiger besonders bearbeitet.

In den meisten Regionen oder auch Projekten, wie dem «Lernen vor Ort», liegt ein großes Gewicht auf der Bildung neuer Steuerungsgremien. Diese sind meist auf den Leitungsebenen – sei es den Amtsleiter/innen auf Kreis- oder auf kommunaler Ebene, oder Kita- und Schulleitungen angesiedelt. Einzelne Beispiele verfügen hier über ausgefeilte Systeme von Lenkungs- und Steuerungskreisen, wobei meist mit Hilfe neuer Stellen (Bildungsbüros) die Amtleitungen der verschiedenen Ebenen, Kreise, Kommunen, Bildungseinrichtungen miteinander in Kontakt gebracht werden.

So notwendig die Kommunikation auf den Leitungsebenen ist, so bedeutet dies noch nicht, dass von diesen Gremien eine durchschlagende Wirkung auf die Haltungen der Akteure in den Kitas und Schulen, also zu denen, die unmittelbar mit den Kindern arbeiten, ausgeht.

Die Kooperation auf der Ebene der genannten Gremien hat offensichtlich zur Folge, dass Ziele vereinbart werden, auch AGs mit der Erarbeitung von Vorschlägen betraut werden. Die Umsetzung der Ziele und die Wirkungskontrolle auf der Ebene, die direkt mit den Kindern arbeitet, ist erst sehr selten erreicht.

Diese Einschätzung ist keine Kritik an den Ansätzen, sondern nur eine Vermutung, die von vielen der Gesprächspartner/innen bestätigt wurde. Was ist notwendig, damit die Personen, die mit den Kindern arbeiten, sich als Erziehungspartner unter mehreren verstehen und Absprachen suchen?

Ein Instrument, das direkt auch auf Verhaltensänderungen von Lehrkräften, Erzieher/innen, aber auch Eltern zielt, sind gemeinsame Fortbildungen. Häufig werden solche zur frühen Sprachförderung gewählt. Dies hat sicher zur Folge, dass mit abgestimmten Konzepten gearbeitet wird und dass die Sprachförderung der Kinder auch intensiver und einfach besser wird. Es beinhaltet aber nicht zwangsläufig, dass das einzelne Kind zum Anlass gemeinsamer Besprechungen wird.

Es scheint noch sehr schwer zu sein, in die Vernetzungen neben den formellen Einrichtungen, die Eltern, aber mehr noch Initiativen des bürgerschaftlichen Engagements einzubeziehen. In den ausgesuchten Regionen ist dies nur in Paderborn der Fall, wo es ein gut entwickeltes Modell von Familienbegleitungen gibt. Oder es betrifft Maßnahmen wie die Stadtteilmütter in Kreuzberg, die aber wiederum vom Bezirk initiiert worden sind – und hier ist es für das Jugendamt schwierig, diese Mütter fest in seine Arbeit einzubeziehen. Auf diesen Punkt sollte bei der weiteren Entwicklung von Bildungslandschaften besonderer Wert gelegt werden, da hier noch ein wichtiges Potenzial zur Förderung benachteiligter Kinder oder von Familien und Kindern in schwieriger Lage liegt.

Insbesondere die Zusammenarbeit von Kita und Eltern wie auch von Schule und Eltern ist bisher nirgendwo wirklich schon so weit entwickelt, dass von Erziehungspartnerschaften gesprochen werden kann. Es handelt sich erkennbar um ein Aktionsfeld in Bearbeitung, aber es scheint immer noch so, dass die Kommunikation häufig auf der schiefen Ebene oder überhaupt zu wenig stattfindet.

Vielleicht liegt der Grund dafür darin, dass die Definition der Erziehungsziele auf der staatlichen Schulebene und der der elterlichen Erziehungsvorstellung grundsätzlich nicht als gleichrangig und als Gegenstand des Aushandelns gesehen werden, sondern im hierarchischen Verhältnis. Diese Erziehungspartnerschaften sollten in jedem Falle weiter Gegenstand besonderer Förderung sein, insbesondere auch, wenn es um bildungsferne Eltern geht. Die bessere Förderung der «Risikogruppe» erfordert, dass die Kommunikation der beteiligten Erwachsenen frühzeitiger und besser gelingt.

Stoff zum Nachdenken bietet auch die Tatsache, dass Voraussetzung für die Einrichtung von Bildungsbüros zur Verbesserung der Kooperation der Akteure in den Regionen zunächst eine zusätzliche Verwaltungsstelle ist. Diese wird meist durch Stiftungen oder andere besondere Aktionen zur Verfügung gestellt und bezahlt. Es ist aber nicht unbedingt eine unmittelbare Verstärkung der direkten Arbeit mit den Kindern und Jugendlichen. Wodurch werden Veränderungen erhofft? Offensichtlich bedarf es neuer Anstöße von außen, um die Ämter und Einrichtungen miteinander ins Gespräch zu bringen. Warum schaffen sie es nicht ohne diese neuen Büros? Zumindest sollte es als Problem wahrgenommen werden, wenn neue Verwaltungsstellen auf Dauer dafür geschaffen werden, dass die vorhandenen Stellen besser kommunizieren. Hier kann es wirklich einmal sinnvoll sein, bestimmte Projekte nur auf Zeit zu finanzieren.

Tradierte Routinen wirken fest und nachhaltig. Es sollte ein größeres Augenmerk darauf gelegt werden, wie Haltungen und Verhalten von Akteuren zu beeinflussen sind. «Change Management» sollte einen anderen Stellenwert bekommen. Gibt es Instrumente und Anreize, die die Kommunikation und Kooperation der vorhandenen Akteure fördern, indem die vorhandenen Ressorts und Einrichtungen anders strukturiert werden?

Wenn die Heinrich-Böll-Stiftung die Entwicklung dieses Bereiches weiter verfolgen will, sollte sie gegebenenfalls auch gemeinsam mit einer anderen Stiftung auf diesen Schwerpunkt setzen, das heißt, sie sollte Unterstützungssysteme und -maßnahmen initiieren, die die Akteure in ihrem vorhandenen Rahmen mit Anreizen dazu bewegen, auf die Entwicklung der einzelnen Kinder von Anfang an ihr Augenmerk zu richten.

Auf der Ebene der staatlichen Ressorts bedeutet dies, die Zuständigkeiten so zu organisieren, dass die verschiedenen Dienste entweder in einem gemeinsamen Bildungs- oder Kinderamt zusammengefasst sind oder, wenn sie in getrennten Ämtern agieren, dass dann mit Instrumenten Anreize geschaffen werden. Dazu sollte gehören, dass ein bestimmter Teil von Mitteln nur gemeinsam bewirtschaftet wird, also ein sozialräumlich bemessenes Bildungsbudget.

Voraussetzung für eine gute Arbeit in Bildungslandschaften ist auch eine gute Bildungsberichterstattung, die Indikatoren für die Qualität der Arbeit und den Förderbedarf in der Region erkennbar aufzeigt. Für alle formellen Einrichtungen, die zuständigen Ressorts, Kitas und Schulen sollte gelten, dass in regelmäßigen Zeitabständen Konferenzen zur Entwicklung von Kindern und Jugendlichen in der Region abgehalten werden, in denen Problemfälle identifiziert und

Maßnahmen abgestimmt werden. Diese Konferenzen sollten in offenen Formen so gestaltet werden, dass sie für möglichst alle am Aufwachsen der Kinder beteiligten Akteure attraktiv sind.